白石老人自述

齐白石　口述
张次溪　笔录
杨良志　编校

北京出版集团
北京出版社

白石老人自述

目 录

白石老人自述

齐白石　口述

张次溪　笔录

前　言

　　白石老人是我的世伯，又是我的老师。我和老人交往了将近四十年，一直保持着我们两代世交的深厚感情。他叫我笔录他的口述自传材料，原是预备寄给苏州金松岑丈替他撰著传记用的参考资料。记得一九三三年的春天，老人到我家来，见到金丈寄给我的信，信内附有一篇替我朋友做的传记体文章。老人把这篇文章读了一遍，佩服得了不得，说是这样的好文章，真可算得千古传作。我把老人说的话，写信告知金丈，并介绍他们二位缔结了文字交。后来，老人还很高兴地画了一幅《红鹤山庄图》，托我转寄金丈，作为两人订交的纪念，同时他还希望金丈也能给他作一篇传记。从那时起，老人就开始自述他一生的经历，叫我笔录下来，随时寄给金丈。

　　我笔录他的自述材料，大概写到一半时候，卢沟桥事变突起。在戎马仓皇之间，我为了生活，到南方去耽了几年，就把这事给搁下了。已写成的稿子，还留在我处，而抄寄给金丈的，只不过是这一半成稿中的一小部分而已。我旅居南方的几年中，也曾回来过几次，都因匆匆往返，没有时间和老人畅谈，把笔录的事搁置下来。等到一九四五年我回到北京，老人又跟我谈起这事，希望能继续笔录下去，早早地写完全。岂知这时金丈已经逝世，给他撰著传记的诺言，无法实现，老人觉得很失望，我也替他扫兴。有一天，老人对我说："金公虽已不在，这篇稿子，半途而废有点可惜，我来说，你接着写下去吧！"说得非常恳切，我只得一口担承下来。但我因为职务羁身，不能常常前去。而每次去时，老人总是滔滔不绝，说得很高兴，我就随时笔录。到一九四八年为止，把前后断断续续所记的，凑合在一起，积稿倒也不少。

那时，老人已届八十六岁高龄，身体渐渐有点衰弱迹象，坐的时间长了，似乎感觉异常劳累，说话也不能太多，多说就显得气促力竭。而我的高血压症，一度又十分严重，遵医之嘱，在家休养，老人那边，足迹遂疏，此稿只得暂时告一段落。

我本想等我病愈之后，趁哪一天老人精神好时，再去听听他的口述，给他多记录点。想不到隔不了多久，老人逝世了。回想往日促膝谈心的情景，已是不可再得，叫我怎能不感怆万分呢！老人生前，为了这篇稿子，总是念念不忘，对我提起了不知多少次。而经过许多波折，一再停顿，我心里头着实有些怅惘。因此，我把历年笔录老人口述的草稿，加以整理，编次成篇，算是我对老人最后尽的一点心意，而我自己，也算了却一桩心愿。可是没有在老人生前，让他能亲眼看到完篇，真是遗憾万分！

我所记的，都是老人亲口所说，为了尽量保留老人的口气，一字一句，我都不敢加以藻饰，只求老人的意思，能够明明白白地传达出来。虽说老年人说话有时不免重复，这一点，我在初步整理时，已注意到了。尤其老人说话时，关涉到我个人和我先父的事情，我更是力求精简。凡是不必要的，我都删削。这样整理，恐怕缺点还是难免的，希望亲爱的读者同志们多加指教！

另外有两件事，需在此顺便说明一下：

（一）老人原配陈夫人，是一八六二年（同治元年壬戌）生的，比老人大一岁，这自述的材料里说的是对的。而在一九四〇年（庚辰）老人所撰祭陈夫人文中所说的："前清同治十三年正月二十一日，乃吾妻于归期也，是时吾妻年方十二。"那是老人记错了，按照旧习惯，那年陈夫人应为十三岁。

（二）老人跟他外祖父周雨若公读书，是在一八七〇年（同治九年庚午），是年，老人年八岁，他亲口对我说过不止一遍，而《白石诗草》卷六"过星塘老屋题壁"诗注："余九岁，从村塾于枫林亭。"这是老人作诗注时的笔误。

因恐读者根据老人所作的祭文和诗注，对于自传里所记的陈夫人生年和老人上学时的年龄发生怀疑，所以附记于此。

一九六二年夏，东莞张次溪记于北京

一、出生时的家庭状况（1863）

穷人家的孩子，能够长大成人，在社会上出头的，真是难若登天。我是穷窝子里生长大的，到老总算有了一点微名。回想这一生经历，千言万语，百感交集，从哪里说起呢？先说说我出生时的家庭状况吧！

我们家，穷得很哪！

我出生在清朝同治二年（癸亥·一八六三）十一月二十二日，我生肖是属猪的。

那时，我祖父、祖母、父亲、母亲都在堂，我是我祖父母的长孙，我父母的长子。我出生后，我们家就五口人了。家里有几间破屋，住倒不用发愁，只是不宽敞罢了。此外只有水田一亩，在大门外晒谷场旁边，叫作"麻子丘"。这一亩田，比别家的一亩要大得

老屋旧照

多，好年成可以打上五石六石的稻谷，收益真不算少，不过五口人吃这么一点粮食，怎么能够管饱呢？我的祖父同我父亲，只好去找零工活做。我们家乡的零工，是管饭的，做零工活的人吃了主人的饭，一天才挣二十来个制钱的工资。别看这二十来个制钱为数少，还不是容易挣到手的哩！第一，零工活不是天天有得做。第二，能做零工活的人又挺多。第三，有的人抢着做，情愿减少工资去竞争。第四，凡是出钱雇人做零工活的，都是刻薄鬼，不是好相处的。为了这几种原因，做零工活也就是"一天打鱼，三天晒网"，混不饱一家人的肚子。没有法子，只好上山去打点柴，卖几个钱，贴补家用。就这样，一家子对付着活下去了。

我是湖南省湘潭县人。听我祖父说，早先我们祖宗，是从江苏省砀山县搬到湘潭来的，这大概是明朝永乐年间的事。刚搬到湘潭，住在什么地方，可不知道了。只知在清朝乾隆年间，我的高祖添镒公，从晓霞峰的百步营搬到杏子坞的星斗塘，我就是在星斗塘出生的。杏子坞，乡里人叫它杏子树，又名殿子树。星斗塘是早年有块陨星，掉在塘内，所以得了此名，在杏子坞的东头，紫云山的山脚下。紫云山在湘潭县城的南面，离城有一百来里地，风景好得很。离我们家不到十里，有个地方叫烟墩岭，我们的家祠在那里，逢年过节，我们姓齐的人，都去上供祭拜，我在家乡时候，是常常去的。

我高祖以上的事情，祖父在世时，对我说过一些，那时我年纪还小，又因为时间隔得太久，我现在已记不得了，只知我高祖一辈的坟地，是在星斗塘。现在我要说的，就从我曾祖一辈说起吧！

我曾祖潢命公，排行第三，人称"命三爷"。我的祖宗，一直到我曾祖命三爷，都是务农为业的庄稼汉，上辈没有做过官，也没有发过财，勤勤恳恳地混上一辈子，把肚子对付饱了，就算挺不错的。在那个年月，穷人是没有出头日子的，庄稼汉世世代代是个庄稼汉，穷也就一直穷下去啦！曾祖母的姓，我不该把它忘了。十多年前，我回到过家乡，问了几个同族的人，他们比我年长的人，已没有了，存着的，辈份年纪都比我小，他们都说，出生得晚，谁都答不上来。像我这样老而糊涂的人，真够岂有此理的了。

　　我祖父万秉公，号宋交，大排行是第十，人称"齐十爷"。他是一个性情刚直的人，心里有了点不平之气，就要发泄出来，所以人家都说他是直性子，走阳面的好汉。他经历了太平天国的兴亡盛衰，晚年看着湘勇（即"湘军"）抢了南京的天王府，发财回家，置地买屋，美得了不得。这些杀人的刽子手们，自以为有过汗马功劳，都有戴上红蓝顶子的资格（清制：一二品官戴红顶子，三四品官戴蓝顶子），他们都说"跟着曾中堂（指曾国藩）打过长毛"，自鸣得意。在家乡好像京城里的黄带子一样（清朝皇帝的本家，近支的名曰宗室，腰间系一黄带，俗称"黄带子"；远房的名曰觉罗，腰间系一红带，俗称"红带子"。黄带子犯了法，不判死罪，最重的罪名，发交宗人府圈禁，所以他们胡作非为，人均畏而避之）。要比普通老百姓高出一头，什么事都得他们占便宜，老百姓要吃一些亏。那时候的官，没有一个不和他们一鼻孔出气的，老百姓得罪了他们，苦头就吃得大了。不论官了私休，他们总是从没理中找出理来，任凭你生着多少张嘴，也搞不过他们的强词夺理来。甚至在风平浪静，各不相扰的时候，他们看见谁家老百姓光景过得去，也想没事找事，弄些油水。

我祖父是个穷光蛋，他们打主意，倒还打不到他的头上去，但他看不惯他们欺压良民，无恶不作，心里总是不服气，愤愤地对人说："长毛并不坏，人都说不好，短毛真厉害，人倒恭维他，天下事还有真是非吗？"他就是这样不怕强暴，肯说实话的。他是嘉庆十三年（戊辰·一八〇八）十一月二十二日生的，和我的生日是同一天，他常说："孙儿和我同一天生日，将来长大了，一定忘不了我的。"他活了六十七岁，殁于同治十三年（甲戌·一八七四）的端阳节，那时我十二岁。

我祖母姓马，因为祖父人称"齐十爷"，人就称她为"齐十娘"。她是温顺和平、能耐劳苦的人，我小时候，她常常戴着十八圈的大草帽，背了我，到田里去干活。她十岁就没了母亲，跟着她父亲传虎公长大的，娘家的光景，跟我们家差不多。道光十一年（辛卯·一八三一）嫁给我祖父，遇到祖父生了气，总是好好地去劝解，人家都称赞她贤惠。她比我祖父小五岁，是嘉庆十八年（癸酉·一八一三）十二月二十三日生的，活了八十九岁，殁于光绪二十七年（辛丑·一九〇一）十二月十九日，那时我三十九岁。

祖父祖母只生了我父亲一人，有了我这个长孙，疼爱得同宝贝似的，我想起了小时候他们对我的情景，总想到他们坟上去痛哭一场！

我父亲贳政公，号以德，性情可不同我祖父啦！他是一个很怕事、肯吃亏的老实人，人家看他像是"窝囊废"（北京俗语，意谓无用的人），给他取了个外号，叫作"德螺头"。他逢到一肚子委屈、有冤没处申的时候，常把眼泪往肚子里咽，不到人前去哼一声的，真是懦弱到了极点了。我母亲的脾气却正相反，她是一个既能干又刚强的人，只要自己有理，总要把理讲讲明白的。她待人却非常讲究礼貌，又能勤俭持家，所以不但人缘不错，外头的名声也挺好。我父亲要没有一位像我母亲这样的人帮助他，不知被人欺侮到什么程度了。我父亲

齐白石父亲89岁遗像

是道光十九年（己亥·一八三九）十二月二十八日生的，殁于民国十五年（丙寅·一九二六）七月初五日，活了八十八岁。我母亲比他小了六岁，是道光二十五年（乙巳·一八四五）九月初八日生的，殁于民国十五年（丙寅·一九二六）三月二十日，活了八十二岁。我一年之内，连遭父母两丧，又因家乡兵乱，道路不通，我住在北京，没有法子回去，说起了好像刀刺在心一样！

　　提起我的母亲，话可长啦！我母亲姓周，娘家住在周家湾，离我们星斗塘不太远。外祖父叫周雨若，是个教蒙馆的村夫子，家境也是很寒苦的。咸丰十一年（辛酉·一八六一），我母亲十七岁那年，跟我父亲结了婚。嫁过来的头一天，我们湘潭乡间的风俗，婆婆要看看儿媳妇的妆奁，名目叫作"检箱"。因为母亲的娘家穷，没有什么值钱的东西，自己觉得有些寒酸。我祖母也是个穷出身而能撑起硬骨头的人，对她说："好女不着嫁时衣，家道兴旺，全靠自己，不是靠娘家陪嫁东西来过日子的。"我母亲听了很激动，嫁后三天，

齐白石母亲83岁遗像

就下厨房做饭，粗细活儿，都干起来了。她待公公婆婆，是很讲规矩的，有了东西，总是先敬翁姑，次及丈夫，最后才轮到自己。我们家乡，做饭是烧稻草的，我母亲看稻草上面，常有没打干净，剩下来的谷粒，觉得烧掉可惜，用捣衣的椎，一椎一椎地椎了下来。一天可以得谷一合，一月三升，一年就三斗六升了。积了差不多的数目，就拿去换棉花。又在我们家里的空地上，种了些麻。有了棉花和麻，我母亲就春天纺棉，夏天绩麻。我们家里，自从母亲进门，老老小小穿用的衣服，都是用我母亲自织的布做成的，不必再到外边去买布。我母亲织成了布，染好了颜色，缝制成衣服，总也是翁姑在先，丈夫在次，自己在后。嫁后不到两年工夫，衣服和布，足足地满了一箱。我祖父祖母是过惯穷日子的，看见了这么多的东西，喜出望外，高兴得了不得，说："儿媳妇的一双手，真是了不起！"她还养了不少的鸡鸭，也养过几口猪，鸡鸭下蛋，猪养大了，卖出去，一年也能挣些个零用钱，贴补家用的不足。我母亲就是这样克勤克俭地过日子，因此家境虽然穷得很，日子倒过得挺和美。

我出生的那年，我祖父五十六岁，祖母五十一岁，父亲二十五岁，母亲十九岁。我出生以后，身体很弱，时常闹病，乡间的大夫，说是不能动荤腥油腻，这样不能吃，那样不能吃，能吃的东西，就很少了。吃奶的孩子，怎能够自己去吃东西呢？吃的全是母亲的奶，大夫这么一说，就得由我母亲忌口了。可怜她爱子心切，听了大夫的话，不问可靠不可靠，凡是荤腥油腻的东西，一律忌食，恐怕从奶汁里过渡，对我不利。逢年过节，家里多少要买些鱼肉，打打牙祭，我母亲总是看着别人去吃，自己是一点也不沾唇的，忌口真是忌得干干净净。可恨我长大了，作客在外的时候居多，没有能够常依膝下，时奉甘脂，真可以说：罔极之恩，百身莫赎！

依我们齐家宗派的排法，我这一辈，排起来应该是个"纯"字，所以我派名"纯芝"，祖父祖母和父亲母亲，都叫我"阿芝"，后来做了木工，主顾们都叫我"芝木匠"，有的客气些叫我"芝师傅"。我的号，本叫"渭清"，祖父给我取的号，叫作"兰亭"。齐璜的"璜"字，是我的老师给我取的名字。老师又给我取了一个"濒生"的号。齐白石的"白石"二字，是我后来常用的号，这是根据"白石山人"而来的。离我们家不到一里地，有个驿站，名叫白石铺，我的老师给我取了一个"白石山人"的别号，人家叫起我来，却把"山人"两字略去，光叫我齐白石，我就自己也叫齐白石了。其他还有木居士、木人、老木、老木一，这都是说明我是木工出身，所谓不忘本而已。杏子坞老民、星塘老屋后人、湘上老农，是纪念我老家所在的地方。齐大，是戏用"齐大非耦"的成语，而我在本支，恰又排行居首。寄园、寄萍、老萍、萍翁、寄萍堂主人、寄幻仙奴，是因为我频年旅寄，同萍飘似的，所以取此自慨。当初取此"萍"字做别号，是从"濒生"的"濒"字想起的。借山吟馆主者、借山翁，是表示我随遇而安的意思。三百石印富翁，是我收藏了许多石章的自嘲。这一大堆别号，都是我作画或刻印时所用的笔名。

我在中年以后，人家只知我叫"齐璜"，号叫"白石"，连外国人都这样称呼，别的名号，倒并不十分被人注意，尤其"齐纯芝"这个名字，除了家乡上岁数的老一辈亲友，也许提起了还记得是我，别的人却很少知道的了。

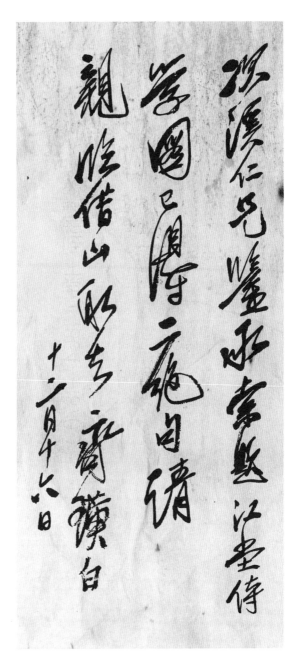

齐白石致张次溪信，1930 年

二、从识字到上学（1864—1870）

同治三年（甲子·一八六四），我两岁。四年（乙丑·一八六五），我三岁。

这两年，正是我多病的时候，我祖母和我母亲，时常急得昏头晕脑，满处去请大夫。吃药没有钱，好在乡里人都有点认识，就到药铺子里去说好话，求人情，赊了来吃。我们家乡，迷信的风气是浓厚的，到处有神庙，烧香磕头，好像是理所当然。我的祖母和我母亲，为了我，几乎三天两朝到庙里去叩祷，希望我的病早早能治好。可怜她婆媳二人，常常把头磕得咚咚地响，额角红肿突起，像个大柿子似的，回到家来，算是尽了一桩心愿。她俩心里着了急，也就顾不得额角疼痛了。我们乡里，还有一种巫师，嘴里胡言乱语，心里诈欺吓骗，表面上是看香头治病，骨子里是用神鬼来吓唬人。我祖母和我母亲，在急得没有主意的时候，也常常把他们请到家里来，给我治病。经过请大夫吃药、烧香求神、请巫师变把戏，冤枉钱花了真不算少，我的病，还是好好坏坏地拖了不少日子。

后来我慢慢地长大了，能走路说话了，不知怎的，病却渐渐地好了起来，这就乐煞了我祖母和我母亲了。母亲听了大夫的话，怕我的病重发，不吃荤腥油腻，就忌口忌得干干净净。祖母下地干活，又怕我待在家里，闷得难受，把我背在她背上，形影不离地来回打转。她俩常说："自己身体委屈点，劳累点，都不要紧，只要心里头的疙瘩解消了，不担忧，那才是好的哩！"为了我这场病，简直把她俩闹得怕极了。

同治五年（丙寅·一八六六），我四岁。

到了冬天，我的病，居然完全好了。这两年我闹的病，有的说是犯了什么煞，有的说是得罪了什么神，有的说是胎里热着了外感，有的说是吃东西不合适把肚子吃坏了，有的说是吹着了山上的怪风，有的说是出门碰到了邪气，奇奇怪怪地说了好多名目，哪一样名目都没有说出个道理来。所以我那时究竟闹的是什么病，我至今都没有弄清楚，这就难怪我祖母和我母亲，当时听了这些怪话，要胸无主宰，心乱如麻了。然而我到了四岁，病确是好了，这不但我祖母和我母亲，好像心上搬掉了一块石头，就连我祖父和我父亲，也各长长地舒出了一口气，都觉着轻松得多了。

我祖父有了闲工夫，常常抱了我，逗着我玩。他老人家冬天唯一的好衣服，是一件皮板挺硬、毛又掉了一半的黑山羊皮袄，他一辈子的积蓄，也许就是这件皮袄了。他怕我冷，就把皮袄的大襟敞开，把我裹在他胸前。有时我睡着了，他把皮袄紧紧围住，他常说：抱了孙子在怀里暖睡，是他生平第一乐事。他那年已五十九岁了，隆冬三九的天气，确也有些怕冷，常常捡拾些松枝，在炉子里烧火取暖。他抱着我，蹲在炉边烤火，拿着通炉子的铁钳子，在松柴灰堆上，比画着写了个"芝"字，教我认识，说："这是你阿芝的'芝'字，你记准了笔画，别把它忘了！"实在说起来，我祖父认得的字，至多也不过三百来个，也许里头还有几个是半认得半不认得的。但是这个"芝"字，确是他很有把握认得的，而且写出来也不会写错的。这个"芝"字，是我开始识字的头一个。

从此以后，我祖父每隔两三天，教我识一个字，识了一个，天

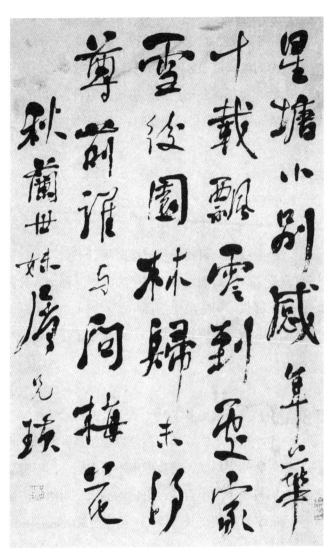

星塘小别感 年光荜

十载飘零到亜宗

雪後园林归来行

尊前谁与问梅花

秋兰世妹 屠 元璂

行楷立轴，约 1909 年

天教我温习。他常对我说："识字要记住，还要懂得这个字的意义，用起来会用得恰当，这才算识得这个字了。假使贪多务博，识了转身就忘，意义也不明白，这是骗骗自己，跟没有识一样，怎能算是识字呢？"我小时候，资质还不算太笨，祖父教的字，认一个，识一个，识了以后，也不曾忘记。祖父见我肯用心，称赞我有出息，我祖母和我母亲听到了，也是挺喜欢的。

同治六年（丁卯·一八六七），我五岁。七年（戊辰·一八六八），我六岁。八年（己巳·一八六九），我七岁。

这三年，仍由我祖父教我识字。有时我自己拿着根松树枝，在地上比画着写起字来，居然也像个样子。有时又画个人脸儿，圆圆的眼珠，胖胖的脸盘，很像隔壁的胖小子，加上了胡子，又像那个开小铺的掌柜了。我五岁那年，我的二弟出生了，取名纯松，号叫效林。

我六岁那年，黄茅堆子到了一个新上任的巡检（略似区长），不知为了什么事，来到了白石铺。黄茅堆子原名黄茅岭，也是个驿站，比白石铺的驿站大得多，离我们家不算太远，白石铺更离得近了。巡检原是知县属下的小官儿，论它的品级，刚刚够得上戴个顶子。这类官，流品最杂，不论张三李四、阿猫阿狗，花上几百两银子，买到了手，居然走马上任，做起"老爷"来了。芝麻绿豆般的起码官儿，又是花钱捐来的，算得了什么东西呢？可是"天高皇帝远"，在外省也能端起了官架子，为所欲为地作威作虐。别看大官儿势力大，作恶多，外表倒还有个谱儿，坏就坏在他的骨子里。唯独这些鸡零狗碎的玩意儿，顶不是好惹的，他虽没有权力杀人，却有权力打人的屁股，因此，他在乡里，很能吓唬人一下。

那年黄茅驿的巡检，也许新上任的缘故，排齐了全副执事，红黑帽拖着竹板，吆喝着开道，坐了轿子，耀武扬威地在白石铺一带打圈转。乡里人向来很少见过官面的，听说官来了，拖男带女地去看热闹。隔壁的三大娘，来叫我一块走，母亲问我："去不去？"我回说："不去！"母亲对三大娘说："你瞧，这孩子挺别扭，不肯去，你就自己走吧！"我以为母亲说我别扭，一定是很不高兴了。谁知隔壁三大娘走后，却笑着对我说："好孩子，有志气！黄茅堆子哪曾来过好样的官，去看他作甚！我们凭着一双手吃饭，官不官有什么了不起！"我一辈子不喜欢跟官场接近，母亲的话，我是永远记得的。

我从四岁的冬天起，跟我祖父识字。到了七岁那年，祖父认为他自己识得的字，已经全部教完了，再有别的字，他老人家自己也不认得，没法再往下教。的确，我祖父肚子里的学问，已抖得光光净净的了，只好翻来覆去地教我温习已识的字。这三百来个字，我实在都识得滚瓜烂熟的了，连每个字的意义，都能讲解得清清楚楚。那年腊月初旬，祖父说："提前放了年学吧！"一面夸奖我识的字，已和他一般多，一面却唉声叹气，好像有什么心事似的。我母亲是个聪明伶俐的人，知道公公的叹气，是为了没有力量供给孙子上学读书的缘故，就对我祖父说："儿媳今年椎草椎下来的稻谷，积了四斗，存在隔岭的一个银匠家里，原先打算再积多一些，跟他换副银钗戴的。现在可以把四斗稻谷的钱取回来，买些纸笔书本，预备阿芝上学。阿爷明年要在枫林亭坐个蒙馆，阿芝跟外公读书，束脩是一定免了的。我想，阿芝朝去夜回，这点钱虽不多，也许够他读一年的书。让他多识几个眼面前的字，会记记账，写写字条儿，有了这么一点挂数书的书底子，将来扶犁掌耙，也就算个好的掌作了。"我祖父听了很乐意，就决定我明年去上学了。

同治九年（庚午·一八七〇），我八岁。

外祖父周雨若公，果然在枫林亭附近的王爷殿，设了一所蒙馆。枫林亭在白石铺的北边山坳上，离我们家有三里来地。过了正月十五灯节，母亲给我缝了一件蓝布新大褂，包在黑布旧棉袄外面，衣冠楚楚的，由我祖父领着，到了外祖父的蒙馆。照例先在孔夫子的神牌那里，磕了几个头，再向外祖父面前拜了三拜，说是先拜至圣先师，再拜授业老师，经过这样的隆重大礼，将来才能当上相公。我从那天起，就正式地读起书来，外祖父给我发蒙，当然不收我束脩。每天清早，祖父送我去上学，傍晚又接我回家。别看这三里来地的路程，不算太远，走的却尽是些黄泥路，平常日子并不觉得什么，逢到雨季，可难走得很哪！黄泥是挺滑的，满地是泥泞，一不小心，就得跌倒下去。祖父总是右手撑着雨伞，左手提着饭箩，一步一拐，仔细地看准了脚步，扶着我走。有时泥塘深了，就把我背了起来，手里还拿着东西，低了头直往前走，往往一走就走了不少的路，累得他气都喘不过来。他老人家已是六十开外的人，真是难为他的。我上学之后，外祖父教我先读了一本《四言杂字》，随后又读了《三字经》《百家姓》，我在家里，本已识得三百来个字了，读起这些书来，一点不觉得费力，就读得烂熟了。在许多同学中间，我算是读得最好的一个。外祖父挺喜欢我，常对我祖父说："这孩子，真不错！"祖父也翘起了花白胡子，张开着嘴，笑嘻嘻地乐了。外祖父又教我读《千家诗》，我一上口，就觉得读起来很顺溜，音调也挺好听，越读越起劲。我们家乡，把只读不写、也不讲解的书，叫作"白口子"书。我在家里识字的时候，知道一些字的意义，进了蒙馆，虽说读的都是白口子书，我用一知半解的见识，琢磨了书里头的意思，大致可以懂得一半。尤其是《千家诗》，因为读着顺口，就津津有味地咀嚼起来，有几首我认为最好的诗，更是常在嘴里哼着，简直地成了个小诗迷了。后来我到了二十多岁时候，读《唐诗三百首》，一读就熟，自己学作几句诗，也一学就会，都是小时候读《千家诗》打好的根基。

那时，读书是拿着书本，拼命地死读，读熟了要背书。背的时候，要顺流而出，嘴里不许打咕嘟。读书之外，写字也算一门功课。外祖父教我写的，是那时通行的描红纸，纸上用木版印好了红色的字，写时依着它的笔姿，一竖一画地描着去写，这是我拿毛笔蘸墨写字的第一次，比用松树枝在地面上划着，有意思得多了。为了我写字，祖父把他珍藏的一块断墨，一方裂了缝的砚台，郑重地给了我。这是他唯一的"文房四宝"中的两件宝贝，原是预备他自己记账所用，平日轻易不往外露的。他"文房四宝"的另一宝——毛笔，因为笔头上的毛，快掉光了，所以给我买了一支新笔。描红纸家里没有旧存的，也是买了新的。我的书包里，笔墨纸砚，样样齐全，这门子的高兴，可不用提呐！有了这整套的工具，手边真觉方便。写字原是应做的功课，无须回避，天天在描红纸上，描呀，描呀，描个没完，有时描得也有些腻烦了，私下我就画起画来。

恰巧，住在我隔壁的同学，他婶娘生了个孩子。我们家乡的风俗，新产妇家的房门上，照例挂一幅雷公神像，据说是镇压妖魔鬼怪用的。这种神像，画得笔意很粗糙，是乡里的画匠，用朱笔在黄表纸上画的。我在五岁时，母亲生我二弟，我家房门上也挂过这种画，是早已见过的，觉得很好玩。这一次在邻居家又见到了，越看越有趣，很想模仿着画它几张。我跟同学商量好，放了晚学，取出我的笔墨砚台，对着他们家的房门，在写字本的描红纸上，画了起来。可是画了半天，画得总不太好。雷公的嘴脸，怪模怪样，谁都不知雷公究竟在哪儿，他长得究竟是怎样的相貌，我只依着神像上面的尖嘴薄腮，画来画去，画成了一只鹦鹉似的怪鸟脸了。自己看着，也不满意，改又改不合适。雷公像挂得挺高，取不下来，我想了一个方法，搬了一只高脚木凳，蹬了上去。只因描红纸质地太厚，在同学那边找到了一张包过东西的薄竹纸，覆在画像上面，用笔勾影了出来。画好了一看，这回画得真不错，和原像简直是一般无二，同学叫我另画一张给他，我也照画了。从此我对于画画，感觉着莫大的兴趣。

同学到蒙馆里一宣传，别的同学也都来请我画了。我就常常撕了写字本，裁开了，半张纸半张纸地画，最先画的是星斗塘常见到的一位钓鱼老头，画了多少遍，把他面貌身形，都画得很像。接着又画了花卉、草木、飞禽、走兽、虫鱼，等等，凡是眼睛里看见过的东西，都把它们画了出来。尤其是牛、马、猪、羊、鸡、鸭、鱼、虾、螃蟹、青蛙、麻雀、喜鹊、蝴蝶、蜻蜓这一类眼前常见的东西，我最爱画，画得也就最多。雷公像那一类从来没人见过真的，我觉得有点靠不住。那年，我母亲生了我三弟，取名纯藻，号叫晓林，我家房门上，又挂起了雷公神像，我就不再去画了。我专给同学们画眼面前的东西，越画越多，写字本的描红纸，却越撕越少。往往刚换上新的一本。不到几天，就撕完了。外祖父是熟读朱柏庐《治家格言》的，嘴里常念着："一粥一饭，当思来处不易；半丝半缕，恒念物力维艰。"他看我写字本用得这么多，留心考查，把我画画的事情，查了出来，大不谓然，以为小孩子东涂西抹，是闹着玩的，白费了纸，把写字的正事，却耽误了。屡次呵斥我："只顾着玩的，不干正事，你看看！描红纸白费了多少？"蒙馆的学生，都是怕老师的，老师的法宝，是戒尺，常常晃动着吓唬人，真要把他弄急了，也会用戒尺来打人手心的。我平日倒不十分淘气，没有挨过戒尺，只是为了撕写字本，好几次惹得外祖父生了气。幸而他向来是疼我的，我读书又比较用功，他光是嘴里嚷嚷要打，戒尺始终没曾落到我手心上。我的画瘾，已是很深，戒掉是办不到的，只有满处去找包皮纸一类的，偷偷地画，却也不敢像以前那样，尽量去撕写字本了。

到秋天，我正读着《论语》，田里的稻子快要收割了，乡间的蒙馆和"子曰店"都得放"扮禾学"，这是照例的规矩。我小时候身体不健壮，恰巧又病了几天。那年的光景，不十分好，田里的收成很歉薄。我们家，平常过日子，本已是穷对付，一遇到田里收不多，日子就更不好过，在青黄不接的时候，穷得连粮食都没得吃了，我母亲从早到晚地发愁。等我病好了，母亲对我说："年头儿这么紧，糊住了嘴再说吧！"家里人手不够用，我留在家，帮着做点事，读了不到一年的书，就此停止了。田里有点芋头，母亲教我去刨，拿回家，用牛粪煨着吃。后来我每逢画着芋头，总会想起当年的情景，曾经题过一首诗：

一丘香芋暮秋凉，当得贫家谷一仓。

到老莫嫌风味薄，自煨牛粪火炉香。

芋头刨完了，又去掘野菜吃，后来我题画菜诗，也有两句说："充肚者胜半年粮，得志者勿忘其香。"穷人家的苦滋味，只有穷人自己明白，不是豪门贵族能知道的。

清白传家图，
136.5cm×33.5cm，
约 20 世纪 30 年代

三、从砍柴牧牛到学做木匠（1871—1877）

同治十年（辛未·一八七一），我九岁。十一年（壬申·一八七二），我十岁。十二年（癸酉·一八七三），我十一岁。

这三年，我在家帮着挑水、种菜、扫地、打杂，闲着就带看我两个兄弟。最主要的是上山砍柴，砍了柴，自己家里有得烧了，还可以卖了钱，补助家用。我那时，不是一个光会吃饭不会做事的闲汉了，但最喜欢做的，却是砍柴。邻居的孩子们，和我岁数差不多的，一起去上山的有的是，我们就成了很好的朋友。上了山，砍满了一担柴，我们在休息时候，常常集合三个人，做"打柴叉"的玩儿。打柴叉是用砍得的柴，每人取出一捆，一头着地，一头靠在一起，这就算是"叉"了。用柴筢远远地轮流掷过去，谁能掷倒了叉，就赢得别人的一捆柴。掷不倒的算是输，也就输掉自己的一捆柴。三个人都掷倒了，或是都没曾掷倒，那是没有输赢。两人掷倒，就平分输的那一捆，每人赢到半捆。最好当然是独自一人赢了，可以得到两捆柴。因为三捆柴并在一起，柴筢又不是很重的，掷倒那个柴叉，并不太容易，一捆柴的输赢，总要玩上好大半天。这是穷孩子们不用花钱的娱乐，我小时候也挺高兴玩的。后来我作客在外，有一年回到家乡，路过山上，看见一群砍柴的孩子，里头有几个相识的邻居，他们的上辈，早年和我一起砍过柴，玩过打柴叉的。我禁不住感伤起来，作了三首诗，末一首道：

来时歧路遍天涯，独到星塘认是家。
我亦君年无累及，群儿欢跳打柴叉。

这诗我收在《白石诗草》卷一里头，诗后我又注道：

余生长于星塘老屋，儿时架柴为叉，相离数伍，以柴筢掷击之，叉倒者为赢，可得薪。

大概小时候做的事情，到老总是会回忆的。

　　我在家里帮着做事，又要上山砍柴，一天到晚，也够忙的。偶或有了闲工夫，我总忘不了读书，把外祖父教过我的几本书，从头至尾，重复地温习。描红纸写完了，祖父给我买了几本黄表纸订成的写字本子，又买了一本木版印的大楷字帖，教我临摹，我每天总要写上一页半页。只是画画，仍是背着人的，写字本上的纸，不敢去撕了，找到了一本祖父记账的旧账簿，把账簿拆开，页数倒是挺多，足够我画一气的。就这样，一晃，两年多过去了。我十一岁那年，家里因为粮食不够吃，租了人家十几亩田，种上了，人力不够，祖父出的主意，养了一头牛。祖父叫我每天上山，一边牧牛，一边砍柴，顺便捡点粪，还要带着我二弟纯松一块儿去，由我照看，免得他在家碍手碍脚耽误母亲做事。祖母担忧我身体不太好，听了算命瞎子的话，说："水星照命，孩子多灾，防防水星，就能逢凶化吉。"买了一个小铜铃，用红头绳系在我脖子上，对我说："阿芝！带着你二弟上山去，好好儿地牧牛砍柴，到晚晌，我在门口等着，听到铃声由远而近，知道你们回来了，煮好了饭，跟你们一块儿吃。"我母亲又取来一块小铜牌，牌上刻着"南无阿弥陀佛"六个字，和铜铃系在一起，说："有了这块牌，山上的豺狼虎豹，妖魔鬼怪，都不敢近身的。"可惜这个铜铃和这块铜牌，在民国初年，家乡兵乱时丢失了。后来我特地另做了一份小型的，紧在裤带上，我还刻过一方印章，自称"佩铃人"。又题过一首画牛的诗道：

> 星塘一带杏花风，黄犊出栏西复东。
> 身上铃声慈母意，如今亦作听铃翁。

这都是纪念我祖母和母亲当初待我的一番苦心的。

我每回上山，总是带着书本的，除了看牛和照顾我二弟以外，砍柴捡粪，是应做的事，温习旧读的几本书，也成了日常的功课。有一天，尽顾着读书，忘了砍柴，到天黑回家，柴没砍满一担，粪也捡得很少，吃完晚饭，我又取笔写字。祖母憋不住了，对我说："阿芝！你父亲是我的独生子，没有哥哥弟弟，你母亲生了你，我有了长孙了，真把你看作夜明珠、无价宝似的。以为我们家，从此田里地里，添了个好掌作，你父亲有了个好帮手哪！你小时候多病，我和你母亲，急成个什么样子！求神拜佛，烧香磕头，哪一种辛苦没有受过！现在你能砍柴了，家里等着烧用，你却天天只管写字，

牧牛图，36cm×52cm，1952年

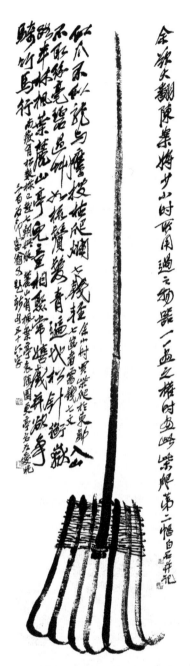

余家大翻陈集将廿山时耙南过之物器一画之样时画峄柴爬第二幅白石并记

仄仄不仄低与鹰枝披爬烂七戟种七盘者需铁七文
不仄舒亮碧近卅如抚赞爱青遍代松斗衔嶽
竹苹枫根荣麓山亭究童相数常塘戴井汲寻
骑竹马行

柴爬图，133cm×34cm，约 1932 年

俗语说得好：三日风，四日雨，哪见文章锅里煮？明天要是没有了米吃，阿芝，你看怎么办呢？难道说，你捧了一本书，或是拿着一支笔，就能饱了肚子吗！唉！可惜你生下来的时候，走错了人家！"

我听了祖母的话，知道她老人家是为了家里贫穷，盼望我多费些力气，多帮助些家用，怕我尽顾着读书写字，把家务耽误了。从此，我上山虽仍带着书去，总把书挂在牛犄角上，等捡足了粪和满满地砍足了一担柴之后，再取下书来读。我在蒙馆的时候，《论语》没有读完，有不认识的字和不明白的地方，常常趁牧牛之便，绕道到外祖父那边，去请问他。这样，居然把一部《论语》，对付着读完了。

同治十三年（甲戌·一八七四），我十二岁。

我们家乡的风俗，为了家里做事的人手少，男孩子很小就娶亲，把儿媳妇接过门来，交拜天地、祖宗、家长，名目叫作"拜堂"。儿媳妇的岁数，总要比自己的孩子略微大些，为的是能够帮着做点事。等到男女双方，都长大成人了，再拣选一个"好日子"，合卺同居，名目叫作"圆房"。在已经拜堂还没曾圆房之时，这位先进门的儿媳妇，名目叫作"童养媳"，乡里人也有叫作"养媳妇"的。在女孩子的娘家，因为人口多，家景不好，吃喝穿着，负担不起，又想到女大当嫁，早晚是夫家的人，早些嫁过去，倒省掉一条心，所以也就很小让她过门。不过这都是小门小户人家的穷打算，豪门世族是不多见的。听说，这种风俗，时无分古今，地无分南北，从古如此，遍地皆然，那么，不光是我们湘潭一地所独有的了。

那年正月二十一日，由我祖父祖母和我父亲母亲作主，我也娶了亲啦！我妻娘家姓陈，名叫春君，她是同治元年（壬戌·一八六二）十二月二十六日生的，比我大一岁。她是我的同乡，娘家的光景，当然不会好的，从小就在家里操作惯了，嫁到我家当童养媳，帮助我母亲煮饭洗衣，照看小孩，既勤恳，又耐心。有了闲暇，手里不是一把剪子，就是一把铲子，从早到晚，手不休脚不停的，里里外外，跑出跑进。别看她年纪还小，只有十三岁，倒是料理家务的一把好手。祖父祖母和父亲母亲，都夸她能干，非常喜欢她。我也觉得她好得很，心里乐滋滋的。只因那时候不比现在开通，心里的事，不肯露在脸上，万一给人家闲话闲语，说是"疼媳妇"，那就怪难为情的了。所以我和她，常常我看看她，她看看我，嘴里不说，心里明白而已。

我娶了亲，虽说还是小孩子脾气，倒也觉得挺高兴。不料端阳节那天，我祖父故去了，这真是一个晴天霹雳！想起了祖父用炉钳子划着炉灰教我识字，用黑羊皮袄围抱了我在他怀里暖睡，早送晚接地陪我去上学，这一切情景，都在眼前晃漾。心里头的难过，到了极点，几乎把这颗心，在胸膛子里，要往外蹦出来了。越想越伤心，眼睛鼻子，一阵一阵的酸痛，眼泪止不住了，像泉水似的直往下流。足足地哭了三天三宵，什么东西，都没有下肚。祖母原也是一把眼泪、一把鼻涕地天天在哭泣，看见我这个样子，抽抽噎噎的，反而来劝我："别这么哭了！你身体单薄，哭坏了，怎对得起你祖父呢！"父亲母亲也各含着两泡眼泪，对我说："三天不吃东西，怎么能顶得下去？祖父疼你，你是知道的，你这样糟蹋自己身体，祖父也不会心安的。"他们的话，都有理，只是我克制不了我自己，仍是哭个不停。后来哭得累极了，才呼呼地睡着。这是我出生以来第一次遭遇到的不幸之事。当时我们家，东凑西挪，能够张罗得出的钱，仅仅不过六十千文，合那时的银圆价，也就是六十来块钱。没有法子，穷人不敢往好处想，只能尽着这六十千文钱，把我祖父身后的大事，从棺殓到埋葬，总算对付过去了。

光绪元年（乙亥·一八七五），我十三岁。二年（丙子·一八七六），我十四岁。

这两年，在我祖父故去之后，经过这回丧事，家里的光景，更显得窘迫异常。田里的事情，只有我父亲一人操作，也显得劳累不堪。母亲常对我说："阿芝呀！我恨不得你们哥儿几个，快快长大了，身长七尺，能够帮助你父亲，糊得住一家人的嘴啊！"我们家乡，煮饭是烧柴灶的，我十三岁那年，春夏之交，雨水特多，我不能上山砍柴，家里米又吃完了，只好掘些野菜，用积存的干牛粪煨着吃，柴灶好久没用，雨水灌进灶内，生了许多青蛙，灶内生蛙，可算得一桩奇闻了。我母亲支撑这样一个门庭，实在不是容易的事。我十四岁那年，母亲又生了我四弟纯培，号叫云林。我妻春君帮着料理家务，侍奉我祖母和我父亲母亲，煮饭洗衣和照看我弟弟，都由她独自担当起来。我小时候身体很不好，祖父在世之时，我不过砍砍柴，牧牧牛，捡捡粪，在家里打打杂，田里的事，一概没有动手过。此刻父亲对我说："你岁数不小了，学学田里的事吧！"他就教我扶犁。我学了几天，顾得了犁，却顾不了牛，顾着牛，又顾不着犁了，来回地折磨，弄得满身是汗，也没有把犁扶好。父亲又叫我跟着他下田，插秧耘稻，整天地弯着腰，在水田里泡，比扶犁更难受。有一次，干了一天，够我累的，傍晚时候，我坐在星斗塘岸边洗脚，忽然间，脚上痛得像小钳子乱夹，急忙从水里拔起脚来

到老谁如我此翁真是把锄人

白石老人再造

己丑八十九岁杏子坞老民一挥

农具图，131cm×41cm，1949 年

一看，脚指头上已出了不少的血。父亲说："这是草虾欺侮了我儿啦！"星斗塘里草虾很多，以后我就不敢在塘里洗脚了。

光绪三年（丁丑·一八七七），我十五岁。

父亲看我身体弱，力气小，田里的事，实在累不了，就想叫我去学一门手艺，预备将来可以糊口养家。但是，究竟学哪一门手艺呢？父亲跟我祖母和我母亲商量过好几次，都没曾决定出一个准主意来。那年年初，有一个乡里人称他为"齐满木匠"的，是我的本家叔祖，他的名字叫齐仙佑，我的祖母，是他的堂嫂，他到我家来，向我祖母拜年。我父亲请他喝酒。在喝酒的时候，父亲跟他说妥，我去拜他为师，跟他学做木匠手艺。隔了几天，拣了个好日子，父亲领我到仙佑叔祖的家里，行了拜师礼，吃了进师酒，我就算他的正式徒弟了。仙佑叔祖的手艺，是个粗木作，又名大器作，盖房子立木架是本行，粗糙的桌椅床凳和种田用的犁耙之类，也能做得出来。我就天天拿了斧子锯子这些东西，跟着他学。刚过了清明节，逢到人家盖房子，仙佑叔祖带了我去给他们立木架，我力气不够，一根大檩子，我不但扛不动，扶也扶不起，仙佑叔祖说我太不中用了，就把我送回家来。父亲跟他说了许多好话，千恳万托地求他收留，他执意不肯，只得罢了。

我在家里，耽了不到一个月，父亲托了人情，又找到了一位粗木作的木匠，名叫齐长龄，领我去拜师。这位齐师傅，也是我们远房的本家，倒能体恤我，看我力气差得很，就说："你好好地练罢！什么事都是练出来的，常练练，就能把力气练出来了。"记得那年秋天，我跟着齐师傅做完工回来，在乡里的田塍上，远远地看见对面过来三个人，肩上有的背了木箱，有的背着很坚实的粗布大口袋，箱里袋里装的，也都是些斧锯钻凿这一类的家伙，一看就知道是木匠，当然是我们的同行了，我并不在意。想不到走到近身，我的齐师傅垂下了双手，侧着身体，站在旁边，满面堆着笑意，问他们好。他们三个人，却倨傲得很，略微地点了一点头，爱理不理地搭讪着："从哪里来？"齐师傅很恭敬地答道："刚给人家做了几件粗糙家具回来。"交谈了不多几句话，他们头也不回地走了。齐师傅等他们走远，才拉着我往前走。我觉得很诧异，问道："我们是木匠，他们也是木匠，师傅为什么要这样恭敬？"齐师傅拉长了脸说："小孩子不懂得规矩！我们是大器作，做的是粗活，他们是小器作，做的是细活。他们能做精致小巧的东西，还会雕花，这种手艺，不是聪明人，一辈子也学不成的，我们大器作的人，怎敢和他们并起并坐呢？"我听了，心里很不服气，我想：他们能学，难道我就学不成！因此，我就决心要去学小器作了。

竹庵三清永窖鞽 何况雕虫老画师 深信人间神鬼力

白波松火暗风吹 一朝不见令人思 重颣陶然共酒期 海上

风清明月满枝杖 梦仿徨兴 作画寄赠

徐君鸣开题一纸 自携有偶兴

并作吡偈 借山金馆主者

寻旧图，151.5cm×42cm

四、从雕花匠到画匠（1878—1889）

光绪四年（戊寅·一八七八），我十六岁。

祖母因为大器作木匠，非但要用很大力气，有时还要爬高上房，怕我干不了。母亲也顾虑到，万一手艺没曾学成，先弄出了一身的病来。她们跟父亲商量，想叫我换一行别的手艺，照顾我的身体，能够轻松点的才好。我把愿意去学小器作的意思，说了出来，他们都认为可以，就由父亲打听得有位雕花木匠，名叫周之美的，要领个徒弟。这是好机会，托人去说，一说就成功了。我辞了齐师傅，到周师傅那边去学手艺。这位周师傅，住在周家洞，离我们家，也不太远，那年他三十八岁。他的雕花手艺，在白石铺一带是很出名的，用平刀法雕刻人物，尤其是他的绝技。我跟着他学，他肯耐心地教。说也奇怪，我们师徒二人，真是有缘，处得非常之好。我很佩服他的本领，又喜欢这门手艺，学得很有兴味。他说我聪明，肯用心钻研，觉得我这个徒弟，比任何人都可爱。他是没有儿子，简直地把我当作亲生儿子一样地看待。他又常常对人说："我这个徒弟，学成了手艺，一定是我们这一行的能手，我做了一辈子的工，将来面子上沾着些光彩，就靠在他的身上啦！"人家听了他的话，都说周师傅名下有个有出息的好徒弟，后来我出师后，人家都很看得起，这是我师傅提拔我的一番好意，我一辈子都忘不了他的。

光绪五年（己卯·一八七九），我十七岁。六年（庚辰·一八八〇），我十八岁。七年（辛巳·一八八一），我十九岁。

照我们小器作的行规，学徒期是三年零一节，我因为在学徒期中，生了一场大病，耽误了不少日子，所以到十九岁的下半年，才满期出师。我生这场大病，是在十七岁那年的秋天，病得非常危险，又吐过几口血，只剩得一口气了。祖母和我父亲，急得没了主意直打转。我母亲恰巧生了我五弟纯隽，号叫佑五，正在产期，也急得东西都咽不下口。我妻陈春君，嘴里不好意思说，背地里淌了不少的眼泪。后来请到了一位姓张的大夫，一剂"以寒伏火"的药，吃下肚去，立刻就见了效，连服几剂调理的药，病就好了。病好之后，仍到周师傅处学手艺，经过一段较长时间，学会了师傅的平刀法，又琢磨着改进了圆刀法，师傅看我手艺学得很不错，许我出师了。出师是一桩喜事，家里的人都很高兴，祖母跟我父亲母亲商量好，拣了一个好日子，请了几桌客，我和陈春君"圆房"了，从此，我和她才是正式的夫妻。那年我是十九岁，春君是二十岁。

我出师后，仍是跟着周师傅出外做活。雕花工是计件论工的，必须完成了这一件，才能去做那一件。周师傅的好手艺，白石铺附近一百来里地的范围内，是没有人不知道的，因此，我的名字，也跟着他，人人都知道了。人家都称我"芝木匠"，当着面，客气些，叫我"芝师傅"。我因家里光景不好，挣到的钱，一个都不敢用掉，完工回了家，就全部交给我母亲。母亲常笑着说："阿芝能挣钱了，钱虽不多，总比空手好得多。"那时，我们师徒常去的地方，是陈家垄胡家和竹冲黎家。胡、黎两姓，都是有钱的财主人家，他们家里有了婚嫁的事情，男家做床橱，女家做妆奁，件数做得很多，都是由我们师徒去做的。有时师傅不去，就由我一人单独去了，还有我的本家齐伯常的家里，我也是常去的。伯常名叫敦元，是湘潭的一位绅士，我到他家，总在他们稻谷仓前做活，和伯常的儿子公甫相识。论岁数，公甫比我小得多，可是我们很谈得来，成了知己朋友。

工具箱，约 1882—1902 年

后来我给他画了一张《秋姜馆填词图》，题了三首诗，其中一首道：

稻粱仓外见君小，草莽声中并我衰。

放下斧斤作知己，前身应作蠹鱼来。

就是记的这件事。

那时雕花匠所雕的花样，差不多都是千篇一律。祖师传下来的一种花篮形式，更是陈陈相因，人家看得很熟。雕的人物，也无非是些麒麟送子、状元及第等一类东西。我以为这些老一套的玩意儿，雕来雕去，雕个没完。终究人要看得腻烦的。我就想法换个样子，在花篮上面，加些葡萄、石榴、桃、梅、李、杏等果子，或牡丹、芍药、梅、兰、竹、菊等花木。人物从绣像小说的插图里，勾摹出来，都是些历史故事。还搬用我平日常画的飞禽走兽，草木虫鱼，加些布景，构成图稿。我运用脑子里所想得到的，造出许多新的花样，

雕成之后，果然人都夸奖说好。我高兴极了，益发地大胆创造起来。那时，我刚出师不久，跟着师傅东跑西转，倒也一天没有闲过。只因年纪还轻，名声不大，挣的钱也就不会太多。家里的光景，比较头二年，略微好些，但因历年积累的亏空，短时间还弥补不上，仍显得很不宽裕。我妻陈春君一面在家料理家务，一面又在屋边空地，亲手种了许多蔬菜，天天提了木桶，到井边汲水。有时肚子饿得难

受，没有东西可吃，就喝点水，算是搪搪饥肠。娘家来人问她："生活得怎样？"她总是说："很好！"不肯露出丝毫穷相。她真是一个挺得起脊梁顾得住面子的人！可是我们家里的实情，瞒不过隔壁的邻居们，有一个惯于挑拨是非的邻居女人，曾对春君说过："何必在此吃辛吃苦，凭你这样一个人，还找不到有钱的丈夫！"春君笑着说："有钱的人，会要有夫之妇？我只知命该如此，你也不必为我妄想！"春君就是这样甘心熬穷受苦，没有一点怨言的。

光绪八年（壬午·一八八二），我二十岁。

仍是肩上捎了个木箱，箱里装着雕花匠应用的全套工具，跟着师傅，出去做活。在一个主顾家中，无意间见到一部乾隆年间翻刻的《芥子园画谱》，五彩套印，初、二、三集，可惜中间短了一本。虽是残缺不全，但从第一笔画起，直到画成全幅，逐步指说，非常切合实用。我仔细看了一遍，才觉着我以前画的东西，实在要不得，画人物，不是头大了，就是脚长了；画花卉，不是花肥了，就是叶瘦了，较起真来，似乎都有点小毛病。有了这部画谱，好像是捡到了一件宝贝，就想从头学起，临它个几十遍。转念又想：书是别人的，不能久借不还，买新的，湘潭没处买，长沙也许有，价码可不知道，怕有也买不起。只有先借到手，用早年勾影雷公像的方法，先勾影下来，再仔细琢磨。想准了主意，就向主顾家借了来，跟母亲商量，在我挣来的工资里，匀出些钱，头了点薄竹纸和颜料毛笔，在晚上收工回家的时候，用松油柴火为灯，一幅一幅地勾影。足足画了半年，把一部《芥子园画谱》，除了残缺的一本以外，都勾影完了，订成了十六本。从此，我做雕花木活，就用《芥子园画谱》做根据，花样既推陈出新，不是死板板的老一套，画也合乎规格，没有不相匀称的毛病了。

我雕花得来的工资，贴补家用，还是微薄得很。家里缺米少柴的，时常闹着穷。我母亲为了开门七件事，整天地愁眉不展。祖母宁可自己饿着肚子，留了东西给我吃。我是个长子，又是出了师，学过手艺的人，不另想想办法，实在看不下去。只得在晚上闲暇之时，匀出工夫，凭我一双手，做些小巧玲珑的玩意儿，第二天一清早，送到白石铺街上的杂货店里，许了他们一点利益，托他们替我代卖。我常做的，是一种能装旱烟也能装水烟的烟盒子，用牛角磨得光光的，配着能活动开关的盖子，用起来很方便，买的人倒也不少。大概两三个晚上，我能做成一个，除了给杂货店掌柜二成的经手费以外，每个我还能得到一斗多米的钱。那时，乡里流行的，旱烟吸叶子烟，水烟吸条丝烟。我旱烟水烟，都学会吸了，而且吸得有了瘾。我卖掉了自己做的牛角烟盒子，吸烟的钱，就有了着落啦，连烧料烟嘴的旱烟管和吸水烟用的铜烟袋，都赚了出来。剩馀的钱，给了我母亲，多少济一些急，但是还救不了根本的穷，不过聊胜于无而已。

光绪九年（癸未·一八八三），我二十一岁。

那年，春君怀了孕，怀的是头一胎。恰巧家里缺柴烧，我们星斗塘老屋，后面是靠着紫云山，她拿了把厨刀，跑到山上去砍松枝。她这时，快要生产了，拖着笨重的身子，上山很费力，就用两手在地上爬着走，总算把柴砍得了，拿回来烧。到了九月，生了个女孩，就是我们的长女，取名菊如，后来嫁给了姓邓的女婿。我在早先上山砍柴的时候，交上一个朋友，名叫左仁满，是白石铺胡家冲的人，离我们家很近。他岁数跟我差不多，我学做木匠那年，他也从师学做篾匠手艺，他出师比我早几个月。现在我们都长大了，他也娶了老婆，有了孩子，我们歇工回来，仍是常常见面，交情倒越交越深。他学成了一手编竹器的好手艺，家庭负担比较轻，生活上比我略微好一些。他是喜欢吹吹弹弹的，能拉胡琴，能吹笛子，能弹琵琶，能打板鼓。还会唱几句花鼓戏，几段小曲儿。我们常在一起玩，他吹弹拉唱，我就画画写字。有时他叫我教他画画，他也教我弹唱。乡里有钱的人，常往城里跑，去找玩儿的，我们是穷孩子出身，闲暇时候，只能做这样不花钱的消遣。我后来喜欢听戏，也会唱几支小曲，都是那时受了左仁满的影响。

光绪十年（甲申·一八八四），我二十二岁。十一年（乙酉·一八八五），我二十三岁。十二年（丙戌·一八八六），我二十四岁。十三年（丁亥·一八八七），我二十五岁。十四年（戊子·一八八八），我二十六岁。

这五年，我仍是做着雕花活为生，有时也还做些烟盒子一类的东西。我自从有了一部自己勾影出来的《芥子园画谱》，翻来覆去地临摹了好几遍，画稿积存了不少。乡里熟识的人知道我会画，常常拿了纸，到我家来请我画。在雕花的主顾家里，雕花活做完以后，也有留着我不放我走，请我画的。凡是请我画的，多少都有点报酬，送钱的也有，送礼物的也有。我画画的名声，跟做雕花活的名声一样地在白石铺一带传开了去。人家提到了芝木匠，都说是画得挺不错。我平日常说："说话要说人家听得懂的话，画画要画人家看见过的东西。"我早先画过雷公像，那是小孩子淘气，闹着玩的。知道了雷公是虚造出来的，就此不再去画。但是我画人物，却喜欢画古装，这是《芥子园画谱》里有的，古人确是穿着这样的衣服，看了戏台上唱戏的打扮，我就照它画了出来。我的画在乡里出了点名，来请我画的，大部分是神像功对，每一堂功对，少则四幅，多的有到二十幅的。画的是玉皇、老君、财神、火神、灶君、阎王、龙王、灵官、雷公、电母、雨师、风伯、牛头、马面和四大金刚、哼哈二将之类。这些位神仙圣佛，谁都没见过他们的本来面目，我原是不喜欢画的，因为画成了一幅，他们送我一千来个钱，合银圆块把钱，在那时的价码，不算少了，我为了挣钱吃饭，又却不过乡亲们的面子，只好答应下来，以意为之。有的画成一团和气，有的画成满脸煞气。和气好画，可以采用《芥子园画谱》的笔法；煞气可麻烦了，决不能都画成雷公似的，只得在熟识的人中间，挑选几位生有异相的人作为蓝本，画成以后，自己看着，也觉可笑。我在枫林亭上学的时候，有几个同学，生得怪头怪脑的，现在虽说都已经长大了，面貌究竟改变不了多少，我就不问他们同意不同意，偷偷地都把他们画上去了。

我二十六岁那年的正月，我母亲生了我六弟纯楚，号叫宝林。我们家乡，把最小的叫作"满"，纯楚是我最小的兄弟，我就叫他满弟。我母亲一共生了我弟兄六人，又生了我三个妹妹，我们家，连同我祖母，我父亲母亲和春君、我的长女菊如，老老小小，十四口人了。父亲同我二弟纯松下田耕作，我在外边做工，三弟纯藻在一所道士观里给人家烧煮茶饭，别的弟妹，大一些的，也牧牛的牧牛，砍柴的砍柴，倒是没有一个闲着的。祖母已是七十七岁的人，只能在家里看看孩子，做些轻微的事情。春君整天忙着家务，忙里偷闲，养了一群鸡鸭，又种了许多瓜豆蔬菜，有时还帮着我母亲纺纱织布。她夏天纺纱，总是在葡萄架下阴凉的地方，我有时回家，也喜欢在那里写字画画，听了她纺纱的声音，觉得聒耳可厌。后来我常常远游他乡，老来回忆，想听这种声音，已是不可再得。因此我前几年写过一首诗道：

山妻笑我负平生，世乱身衰重远行。
年少厌闻难再得，葡萄阴下纺纱声。

我母亲纺纱织布，向来是一刻不闲。尤其使她为难的，是全家的生活重担，都由她双肩挑着，天天移东补西，调排用度，把这点微薄的收入，糊住十四个嗷嗷待哺的嘴，真够她累心累力的。

三弟纯藻，也是为了糊住自己的嘴，多少还想挣些钱来贴补家用，急于出外做工。他托了一位远房本家，名叫齐铁珊的，荐到一所道士观中，给他们煮饭打杂。齐铁珊是齐伯常的弟弟，我的好朋友齐公甫的叔叔，他那时正同几个朋友，在道士观内读书。我因为三弟的缘故，常到道士观去闲聊，和铁珊谈得很投机。我画神像功对，铁珊是知道的，每次见了我面，总是先问我："最近又画了多少？画的是什么？"我做雕花活，他倒不十分关心，他好像专门关心我的画。有一次，他对我说："萧芗陔快到我哥哥伯常家里来画像了，我看你，何不拜他为师！画人像，总比画神像好一些。"

我也素知这位萧芗陔的大名，只是没有会见过，听了铁珊这么一说，我倒动了心啦。不多几天，萧芗陔果然到了齐伯常家里来了，我画了一幅李铁拐像，送给他看，并托铁珊、公甫叔侄俩，代我去说，愿意拜他为师。居然一说就合，等他完工回去，我就到他家去，正式拜师。这位萧师傅，名叫传鑫，芗陔是他的号，住在朱亭花钿，离我们家有一百来里地，相当的远。他是纸扎匠出身，自己发奋用功，经书读得烂熟，也会作诗，画像是湘潭第一名手，又会画山水人物。他把拿手本领，都教给了我，我得他的益处不少。他又介绍他的朋友文少可和我相识，也是个画像名手，家住在小花石。这位文少可也很热心，他的得意手法，都端给我看，指点得很明白。我对于文少可，也很佩服，只是没有拜他为师。我认识了他们二位，画像这一项，就算有了门径了。

那年冬天，我到赖家垅衕里去做雕花活。赖家垅离我们家，有四十多里地，路程不算近，晚上就住在主顾家里。赖家垅在佛祖岭的山脚下，那边住的人家，都是姓赖的。衕里是我们家乡的土话，就是聚族而居的意思。我每到晚上，照例要画画的，赖家的灯火，比我家里的松油柴火，光亮得多，我就着灯盏，画了几幅花鸟，给赖家的人看见了，都说："芝师傅不是光会画神像功对的，花鸟也画得生动得很。"于是就有人来请我给他女人画鞋头上的花样，预备画好了去绣的。又有人说："我们请寿三爷画个帐檐，往往等了一年半载，还没曾画出来，何不把我们的竹布取回来，就请芝师傅画画呢？"我光知道我们杏子坞有个绅士，名叫马迪轩，号叫少开，他的连襟姓胡，人家都称他寿三爷，听说是竹冲韶塘的人，离赖家垅不过两里多地，他们所说的，大概就是此人。我听了他们的话，当时却并未在意。到了年底，雕花活没有做完，留着明年再做，我就辞别了赖家，回家过年。

光绪十五年（己丑·一八八九），我二十七岁。

过了年，我仍到赖家垅去做活。有一天，我正在雕花，赖家的人来叫我，说："寿三爷来了，要见见你！"我想："这有什么事呢？"但又不能不去。见了寿三爷，我照家乡规矩，叫了他一声"三相公"。寿三爷倒也挺客气，对我说："我是常到你们杏子坞去的，你的邻居马家，是我的亲戚，常说起你：人很聪明，又能用功。只因你常在外边做活，从没有见到过，今天在这里遇上了，我也看到你的画了，很可以造就！"又问我："家里有什么人？读过书没有？"还问我："愿不愿再读读书，学学画？"我一一地回答，最后说："读书学画，我是很愿意，只是家里穷，书也读不起，画也学不起。"寿三爷说："那怕什么？你要有志气，可以一面读书学画，一面靠卖画养家，也能对付得过去。你如愿意的话，等这里的活做完了，就到我家来谈谈！"我看他对我很诚恳，也就答应了。

这位寿三爷，名叫胡自倬，号叫沁园，又号汉槎。性情很慷慨，喜欢交朋友，收藏了不少名人字画，他自己能写汉隶，会画工笔花鸟草虫，作诗也很清丽。他家附近，有个藕花池，他的书房就取名为"藕花吟馆"，时常邀集朋友在内举行诗会，人家把他比作孔北海，说是："座上客常满，樽中酒不空。"他们韶塘胡姓，原是有名的财主，但是寿三爷这一房，因为他提倡风雅，素广交游，景况并不太富裕，可见他的人品，确是很高的。我在赖家垅完工之后，回家说了情形，就到韶塘胡家。那天正是他们诗会的日子，到的人很多。寿三爷听说我到了，很高兴，当天就留我同诗会的朋友们一起吃午

沁园夫子五十岁小像图，
65.3cm×37.5cm，
1896 年

饭，并介绍我见了他家延聘的教读老夫子。这位老夫子，名叫陈作埙，号叫少蕃，是上田冲的人，学问很好，湘潭的名士。吃饭的时候，寿三爷又问我："你如愿意读书的话，就拜陈老夫子的门吧！不过你父母知道不知道？"我说："父母倒也愿意叫我听三相公的话，就是穷……"话还没说完，寿三爷拦住了我，说："我不是跟你说过，你就卖画养家！你的画，可以卖出钱来，别担忧！"我说："只怕我岁数大了，来不及。"寿三爷又说："你是读过《三字经》的！'苏老泉，二十七，始发愤，读书籍。'你今年二十七岁，何不学学苏老泉呢？"陈老夫子也接着说："你如果愿意读书，我不收你的学俸钱。"同席的人都说："读书拜陈老夫子，学画拜寿三爷，拜了这两位老师，还怕不能成名！"我说："三相公栽培我的厚意，我是感激不尽。"寿三爷说："别三相公了！以后就叫我老师吧！"当下，就决定了。吃过午饭，按照老规矩，先拜了孔夫子，我就拜了胡、陈二位，做我的老师。

我拜师之后，就在胡家住下。两位老师商量了一下，给我取了一个名字，单名叫作"璜"，又取了一个号，叫作"濒生"，因为我住家与白石铺相近，又取了个别号，叫作"白石山人"，预备题画所用。少蕃师对我说："你来读书，不比小孩子上蒙馆了，也不是考秀才赶科举的，画

沁园忆旧图，
136.4cm×34.3cm，
1950 年

画总要会题诗才好，你就去读《唐诗三百首》吧！这部书，雅俗共赏，从浅的说，入门很容易；从深的说，也可以钻研下去，俗话常说，熟读唐诗三百首，不会吟诗也会吟。这话不是完全没有道理的。诗的一道，本是易学难工，你能专心用功，一定很有成就。常言道，有志者，事竟成。又道，天下无难事，只怕有心人。天下事的难不难，就看你有心没心了！"从那天起，我就读《唐诗三百首》了。我小时候读过《千家诗》，几乎全部都能背出来，读了《唐诗三百首》，上口就好像见到了老朋友，读得很有味。只是我识字不多，有很多生字，不容易记熟，我想起一个笨法子，用同音的字，注在书页下端的后面，温习时候，一看就认得了。这种法子，我们家乡叫作"白眼字"，初上学的人，常有这么用的。过了两个来月，少蕃师问我："读熟几首了？"我说："差不多都读熟了。"他有些不信，随意抽问了几首，我都一字不遗地背了出来。他说："你的天分，真了不起！"实在说来，是他的教法好，讲了读，读了背，背了写，循序而进，所以读熟一首，就明白一首的意思，这样既不会忘掉，又懂得好处在哪里。《唐诗三百首》读完之后，接着读了《孟子》。少蕃师又叫我在闲暇时，看看《聊斋志异》一类的小说，还时常给我讲讲唐宋八家的古文。我觉得这样的读书，真是人生最大的乐趣了。

我跟陈少蕃老师读书的同时，又跟胡沁园老师学画，学的是工笔花鸟草虫。沁园师常对我说："石要瘦，树要曲，鸟要活，手要熟。立意、布局、用笔、设色，式式要有法度，处处要合规矩，才能画成一幅好画。"他把珍藏的古今名人字画，叫我仔细观摩。又介绍了一位谭荔生，叫我跟他学画山水。这位谭先生，单名一个"溥"字，别号瓮塘居士，是他的朋友。我常常画了画，拿给沁园师看，他都给我题上了诗。他还对我说："你学学作诗吧！光会画，不会作诗，总是美中不足。"那时正是三月天气，藕花吟馆前面，牡丹盛开，沁园师约集诗会同人，赏花赋诗，他也叫我加入。我放大了胆子，作了一首七绝，交了上去，恐怕作得太不像样，给人笑话，心里有些跳动。沁园师看了，却面带笑容，点着头说："作得还不错！有寄托。"说着，又念道："'莫羡牡丹称富贵，却输梨橘有馀甘。'这两句不但意思好，十三覃的甘字韵，也押得很稳。"说得很多诗友都围拢上来，大家看了，都说："濒生是有聪明笔路的，别看他根基差，却有性灵。诗有别才，一点儿不错！"这一炮，居然放响，是我料想不到的。从此，我摸索得了作诗的诀窍，常常作了，向两位老师请教。当时常在一起的，除了姓胡的几个人，其馀都是胡家的亲戚，一共有十几个人，只有我一人，不是胡家的亲故，他们倒都跟我处得很好。他们大部分是财主人家的子弟，至不济的也是小康之家，比我的家景，总要强上十倍，他们并不嫌我出身寒微，一点没有看不起我的意思，后来都成了我的好朋友。

那年七月十一日，春君生了个男孩，这是我们的长子，取名良元，号叫伯邦，又号子贞。我在胡家，读书学画，有吃有住，心境安适得很，眼界也广阔多了。只是想起了家里的光景，决不能像在胡家认识的一般朋友们的胸无牵挂。干雕花手艺，本是很费事的，每一件总得雕上好多日子，把身子困住了，别的事就不能再做。画画却不一定有什么限制，可以自由自在的，有闲暇就画，没闲暇就罢，画起来，也比雕花省事得多。就觉得沁园师所说的"卖画养家"这句话，确实是既方便，又实惠。那时照相还没盛行，画像这一行手艺，生意是很好的。画像，我们家乡叫作描容，是描画人的容貌的意思。

有钱的人，在生前总要画几幅小照玩玩，死了也要画一幅遗容，留作纪念。我从萧芗陔师傅和文少可那里，学会了这行手艺，还没有给人画过，听说画像的收入，比画别的来得多，就想开始干这一行了。沁园师知道我这个意思，到处给我吹嘘，韶塘附近一带的人，都来请我去画，一开始，生意就很不错。每画一个像，他们送我二两银子，价码不算太少，但是有些爱贪小便宜的人，往往在画像之外，叫我给他们女眷画些帐檐、袖套、鞋样之类，甚至叫我画幅中堂，画堂屏条，算是白饶。好在这些东西，我随便画上几笔，倒也并不十分费事。我们湘潭风俗，新丧之家，妇女们穿的孝衣，都把袖头翻起，画上些花样，算作装饰。这种零碎玩意儿，更是画遗容时必须附带着画的，我也总是照办了。后来我又琢磨出一种精细画法，能够在画像的纱衣里面，透现出袍褂上的团龙花纹，人家都说，这是我的一项绝技。人家叫我画细的，送我四两银子，从此就作为定例。我觉得画像挣的钱，比雕花多，而且还省事，因此，我就扔掉了斧锯钻凿一类家伙，改了行，专做画匠了。

黎夫人像，129cm×69cm，约 1895 年

五、诗画篆刻渐渐成名（1890—1901）

光绪十六年（庚寅·一八九〇），我二十八岁。十七年（辛卯·一八九一），我二十九岁。十八年（壬辰·一八九二），我三十岁。十九年（癸巳·一八九三），我三十一岁。二十年（甲午·一八九四），我三十二岁。

这五年，我仍靠着卖画为生，来往于杏子坞韶塘周围一带。在我刚开始画像的时候，家景还是不很宽裕，常常为了灯盏缺油，一家子摸黑上床。有位朋友黎丹，号叫雨民，是沁园师的外甥，到我家来看我，留他住下，夜无油灯，烧了松枝，和他谈诗。另一位朋友王训，也是沁园师的亲戚，号叫仲言，他的家里有一部白香山《长庆集》，我借了来，白天没有闲暇，只有晚上回了家，才能阅读，也因家里没有灯油，烧了松柴，借着柴火的光亮，对付着把它读完。后来我到了七十岁时，想起了这件事，作过一首《往事示儿辈》的诗，说：

村书无角宿缘迟，廿七年华始有师。

灯盏无油何害事，自烧松火读唐诗。

没有读书的环境，偏有读书的嗜好，你说，穷人读一点书，容易不容易？

我三十岁以后，画像画了几年，附近百来里地的范围以内，我差不多跑遍了东西南北。乡里的人，都知道芝木匠改行做了画匠，说我画的画，比雕的花还好。生意越做越多，收入也越来越丰，家里靠我这门手艺，光景就有了转机。母亲紧皱了半辈子的眉毛，到

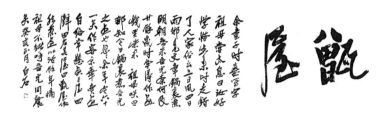

行书手卷，31.5cm×129cm，1923 年

这时才慢慢地放开了。祖母也笑着对我说："阿芝！你倒没有亏负了这支笔，从前我说过，哪见文章锅里煮，现在我看见你的画，却在锅里煮了！"我知道祖母是说的高兴话，就画了几幅画，挂在屋里，又写了一张横幅，题了"甑屋"两个大字，意思是："可以吃得饱啦，不至于像以前锅里空空的了。"

那时我已并不专搞画像，山水人物、花鸟草虫，人家叫我画的很多，送我的钱，也不比画像少。尤其是仕女，几乎三天两朝有人要我画的，我常给他们画些西施、洛神之类。也有人点景要画细致的，像文姬归汉、木兰从军，等等。他们都说我画得很美，开玩笑似的叫我"齐美人"。老实说，我那时画的美人，论笔法，并不十分高明，不过乡里人光知道表面好看，家乡又没有比我画得好的人，我就算独步一时了。常言道："蜀中无大将，廖化作先锋。"他们这样抬举我，说起来，真是惭愧得很。但是，也有一批势利鬼，看不起我是木匠出身，画是要我画了，却不要我题款。好像是画是风雅的东西，我是算不得斯文中人，不是斯文人，不配题风雅画。我明白他们的意思，觉得很可笑，本来不愿意跟他们打交道，只是为了挣钱吃饭，也就不去计较这些。他们既不少给我钱，题不题款，我倒并不在意。

我们家乡，向来是没有裱画铺的，只有几个会裱画的人，在四乡各处，来来往往，应活做工，萧芗陔师傅就是其中的一人。我在沁园师家读书的时候，沁园师曾把萧师傅请到家来，一方面叫他裱画，一方面叫大公子仙逋跟他学做这门手艺。特地匀出了三间大厅，屋内中间，放着一张尺码很长很大的红漆桌子，四壁墙上，钉着平整干净的木板格子，所有轴杆、轴头、别子、绫绢、丝绦、宣纸，以及排笔、糨糊之类，置备得齐齐备备，应有尽有。沁园师对我说："濒生，你也可以学学！你是一个画家，学会了，装裱自己的东西，就透着方便些。给人家做做活，也可以作为副业谋生。"沁园师处处为我打算，真是无微不至。我也觉得他的话很有道理，就同仙逋，跟着萧师傅，从托纸到上轴，一层一层的手续，都学会了。乡里裱画，全绫挖嵌的很少，讲究的，也不过"绫栏圈""绫镶边"而已，普通的都是纸裱。我反复琢磨，认为不论绫裱纸裱，裱得好坏，关键全在托纸，托得匀整平帖，挂起来，才不会有卷边抽缩、弯腰驼背等毛病。比较难的，是旧画揭裱。揭要揭得原件不伤分毫，裱要裱得清新悦目，遇有残破的地方，更要补得天衣无缝。一般裱画，只会裱新的，不会揭裱旧画，萧师傅是个全才，裱新画是小试其技，揭裱旧画是他的拿手本领。我跟他学了不少日子，把揭裱旧画的手艺也学会了。

我三十二岁那年，二月二十一日，春君又生了个男孩，这是我们的次子，取名良黼，号叫子仁。我自从在沁园师家读书以后，由于沁园师的吹嘘，朋友们的介绍，认识的人渐渐地多了。住在长塘的黎松安，名培銮，又名德恂，是黎雨民的本家。那年春天，松安请我去画他父亲的遗像，他父亲是上年故去的。王仲言在他们家教家馆，彼此都是熟人，我就在松安家住了好多时候。长塘在罗山的

龙山七子图，179cm×96cm，1894 年

山脚下，杉溪的后面，溪水从白竹坳来，风景很幽美。那时，松安的祖父还在世，他老先生是会画几笔山水的，也收藏了些名人字画，都拿了出来给我看，我就临摹了几幅。朋友们知道我和王仲言都在黎松安家，他们常来相叙。仲言发起组织了一个诗会，约定集会地点，在白泉棠花村罗真吾、醒吾弟兄家里。真吾名天用，他的弟弟醒吾名天觉，是沁园师的侄婿，我们时常在一起，都是很相好的。讲实在的话，他们的书底子，都比我强得多，作诗的功夫，也比我深得多。不过那时是科举时代，他们多少有点弋取功名的心理，试场里用得着的是试帖诗，他们为了应试起见，都对试帖诗有相当研究，而且都曾下了苦功揣摩过的。试帖诗虽是工稳妥帖，又要圆转得体，作起来确是不很容易，但过于拘泥板滞，一点儿不见生气。我是反对死板板无生气的东西的，作诗讲究性灵，不愿意像小脚女人似的扭捏作态。因此，各有所长，也就各做一派。他们能用典故，讲究声律，这是我比不上的，若说作些陶写性情、歌咏自然的句子，他们也不一定比我好了。

我们的诗会，起初本是四五个人，随时集在一起，谈诗论文，兼及字画篆刻，音乐歌唱，倒也兴趣很浓。只是没有一定日期，也没有一定规程。到了夏天，经过大家讨论，正式组成了一个诗社，借了五龙山的大杰寺内几间房子，作为社址，就取名为龙山诗社。五龙山在中路铺白泉的北边，离罗真吾、醒吾弟兄所住的棠花村很近。大杰寺是明朝就有的，里边有很多棵银杏树，地方清静幽雅，是最适宜避暑的地方。诗社的主干，除了我和王仲言、罗真吾、醒吾弟兄，还有陈茯根、谭子荃、胡立三，一共是七个人，人家称我们为"龙山七子"。陈茯根名节，板桥人，谭子荃是罗真吾的内兄，胡立三是沁园师的侄子，都是常常见面的好朋友。他们推举我做社长，我怎么敢当呢？他们是世家子弟，学问又比我强，叫我去当头儿，好像是存心跟我开玩笑，我是坚辞不干。王仲言对我说："濒生，你太固执了！我们是论齿，七人中，年纪是你最大，你不当，是谁当了好呢？我们都是熟人，社长不过应个名而已，你还客气什么？"他们都附和王仲言的话，说我客气得无此必要。我没法推辞，只得答允了。社外的诗友，却也很多，常常来的，有黎松安、黎薇荪、黎雨民、黄伯魁、胡石庵、吴刚存等诸人，也都是我们向来极相熟的。只有一个名叫张登寿，号叫仲飏的，是我新认识的。这位张仲飏，出身跟我一样寒微，年轻时学过铁匠，也因自己发愤用功，读书读得很有一点成就，拜了我们湘潭的大名士王湘绮先生做老师，经学根底很深，诗也作得非常工稳。乡里的一批势利鬼，背地里仍有叫他张铁匠的。这和他们在我改行以后，依旧叫我芝木匠，是一样轻视的意思。我跟他，都是学过手艺的人，一见面就很亲热，交成了知己朋友。

光绪二十一年（乙未·一八九五），我三十三岁。

黎松安家里，也组成了一个诗社。松安住在长塘，对面一里来地，有座罗山，俗称罗网山，因此，取名为"罗山诗社"。我们龙山诗社的主干七人，和其他社外诗友，也都加入，时常去作诗应课。两山相隔，有五十来里地，我们跑来跑去，并不嫌着路远。那年，我们家乡，遭逢了很严重的旱灾，田里的庄稼，都枯焦得不成样子，秋收是没有把握的了，乡里的饥民，就一群一群地到有钱人家去吃饭。我们家乡的富裕人家，家里都有谷仓，存着许多稻谷，年年吃掉了旧的，再存新的，永远是满满的一仓，这是古人所说积谷防饥的意思。可是富裕人家，究属是少数，大多数的人们，平日糊得上嘴，已不容易，哪有力量积存稻谷？逢到灾荒，就没有饭吃，为了活命，只有去吃富户的一法。他们去的时候，排着队伍，鱼贯而进，倒也很守秩序，不是乱抢乱撞的。到了富户家里，自己动手开仓取谷，打米煮饭，但也并不是把富户的存谷完全吃光，吃了几顿饱饭，又往别的地方，换个人家去吃。乡里人称他们为"吃排饭"。但是他们一群去了，另一群又来，川流不息地来来去去，富户存的稻谷，归根结底，虽没吃光，也就吃得所剩无几了。我们这些诗友，恰巧此时陆续地来到黎松安家，本是为了罗山诗社来的，附近的人，不知底细，却造了许多谣言，说是长塘黎家，存谷太多，连一批破靴党（意指不安本分的读书人）都来吃排饭了。

那时，龙山诗社从五龙山的大杰寺内迁出，迁到南泉冲黎雨民的家里。我往来于龙山、罗山两诗社，他们都十分欢迎。这其间另有一个原因，原因是什么呢？他们要我造花笺。我们家乡，是头不到花笺的，花笺是家乡土话，就是写诗的诗笺。两个诗社的社友，都是少年爱漂亮，认为作成了诗，写的是白纸，或是普通的信笺，没有写在花笺上，觉得是一件憾事，有了我这个能画的人，他们就跟我商量了。我当然是义不容辞，立刻就动手去做，用单宣和官堆一类的纸，裁成八行信笺大小，在晚上灯光之下，一张一张地画上几笔，有山水，也有花鸟，也有草虫，也有鱼虾之类，着上了淡淡的颜色，倒也雅致得很。我晚上能够画出几十张，一个月只要画上几个晚上，分给社友们写用，就足够的了。王仲言常常对社友们说："这些花笺，是濒生辛辛苦苦造成的。我们写诗的时候，一定要仔细地用，不要写错。随便糟蹋了，非但是怪可惜的，也对不起濒生熬夜的辛苦！"说起这花笺，另有一段故事：在前几年，我自知文理还不甚通顺，不敢和朋友们通信，黎雨民要我跟他书信往来，特意送了我一些信笺，逼着我给他写信，我就从此开始写起信来，这确是算得我生平的一个纪念。不过雨民送我的，是写信用的信笺，不是写诗用的花笺。为了谈起造花笺的事，我就想起黎雨民送我信笺的事来了。

光绪二十二年（丙申·一八九六），我三十四岁。

我起初写字，学的是馆阁体，到了韶塘胡家读书以后，看了沁园、少蕃两位老师，写的都是道光年间我们湖南道州何绍基一体的字，我也跟着他们学了。又因诗友们，有几位会写钟鼎篆隶，兼会刻印章的，我想学刻印章，必须先会写字，因之，我在闲暇时候，也常常写些钟鼎篆隶了。前二年，我在人家画像，遇上了一个从长沙来的人，号称篆刻名家，求他刻印的人很多，我也拿了一方寿山石，请他给我刻个名章。隔了几天，我去问他刻好了没有，他把石头还给了我，说："磨磨平，再拿来刻！"我看这块寿山石，光滑平整，并没有什么该磨的地方，既是他这么说，我只好磨了再拿去。他看也没看，随手搁在一边。又过了几天，再去问他，仍旧把石头扔还给我，说："没有平，拿回去再磨磨！"我看他倨傲得厉害，好像看不起我这块寿山石。也许连我这个人，也不在他的眼中。我想："何必为了一方印章，自讨没趣？"我气愤之下，把石头拿回来，当夜用修脚刀，自己把它刻了。第二天一早，给那家主人看见，很夸奖地说："比了这位长沙来的客人刻的，大有雅俗之分。"我虽觉得高兴，但也自知，我何尝懂得篆刻刀法呢！我那时刻印，还是一个门外汉，不敢在人前卖弄。朋友中间，王仲言、黎松安、黎薇荪等，却都喜欢刻印，拉我在一起，教我一些初步的方法，我参用了雕花的手艺，顺着笔画，一刀一刀地削去，简直是跟了他们，闹着玩儿。

沁园师的本家胡辅臣，竹冲的一位绅士，是我朋友胡石庵的父亲，介绍我到皋山黎桂坞家去画像。胡黎两家，是世代姻亲，他们两家的人，我本也认识几位。皋山黎家，是清朝黎文肃公培敬的后人，黎培敬号叫简堂，是咸丰年的进士，做过贵州的学台、藩台，光绪初年，做过江苏抚台，过世没有多年。他家和长塘黎松安家是同族，我朋友黎雨民，就是文肃公的长孙，黎薇荪是文肃公的第三子，黎戬斋是薇荪之子，这三位我是熟识的。黎桂坞是文肃公的次子，薇荪的哥哥，我却是初次会见。还认识了文肃公的第四子铁安，是桂坞、薇荪的弟弟，雨民的叔叔。铁安不常刻印，但写的小篆功力非常精深，我慕名已久，此次见面，我就向他请教："我总是刻不好，有什么方法办呢？"铁安笑着说："南泉冲的楚石，有的是！你挑一担回家去，随刻随磨，你要刻满三四个点心盒，都成了石浆，那就刻得好了。"这虽是一句玩笑话，却也很有至理。从前少蕃师对我说的"天下无难事，只怕有心人"，就是这个意思。我于是打定主意，发愤学刻印章，从多磨多刻这句话上着想，去下功夫了。

黎松安是我最早的印友，我常到他家去，跟他切磋，一去就在他家住上几天。我刻着印章，刻了再磨，磨了又刻，弄得我住的他家的客室里，四面八方，满都是泥浆，移东移西，无处插脚，几乎一屋子都变成了池底。松安很鼓励我，还送给我丁龙泓、黄小松两家刻印的拓片，我很想学他们两人的刀法，只因拓片不多，还摸不到门径。那时，青田、寿山等石章，在我们家乡不十分容易买到，价格也不便宜，像鸡血、田黄，等等，更是贵重得了不得。我在一处人家画像，无意间买到了那家旧存的几块印章，都是些青田、寿山石的，松安知道了，冒着大风雨，到我家，说是分我的石章来的，他真可以算是一个印迷了。我作过《忆罗山往事》的诗，说：

石潭旧事等心孩，磨石书堂水亦灾。

风雨一天拖两屐，伞扶飞到赤泥来。

石潭、赤泥都是地名。石潭离罗山不过一里来地，在杉溪的下游。赤泥冲离罗山西北也只有一里来地。这两处，都是离松安家很近。那年秋天，我们几个人，都在杉溪附近散步，溪上有一独木桥，桥身很窄，人都不敢在上面走，松安取出一块青田石章，说："谁能倒退走过此桥，我把这块石章奉送。"我说："我来试试。"我真的倒退走过了桥，又倒退走了回来，松安也真的把石章送了给我。我后来有过一首诗，送给松安，说：

三十年前溪上路，与君颜色未曾凋。

丹枫乱落黄花瘦，人影水光独木桥。

就是指的这回事。当时我和松安的兴致，都是很高的。松安比我小八岁，天资比我高得多，刻的印章也比我好得多，他是模仿邓石如的，功夫很深。他中年以后，因为刻印易伤眼力，不愿再刻，所以他的本领，没有大显于世，这是很可惜的。我记得：我初次正式刻成的一方闲章，刻的是三个字：金石癖，就是在松安家里刻的，留在他家做纪念，听说保存了好几十年，直到抗战胜利的前一年，在兵乱中失去了。

光绪二十三年（丁酉·一八九七），我三十五岁。二十四年（戊戌·一八九八），我三十六岁。

我在三十五岁以前，始终没曾离开家乡，足迹所到之处，只限于杏子坞附近百里之内，连湘潭县城都没有去过。直到三十五岁那年，才由朋友介绍，到县城里去给人家画像。城里的人，看我画得不错，把我的姓名，传开了去，请我画像的人渐多，我就常常地进城去了。祖母看我城乡奔波，在家闲着的时候很少，笑着对我说："你小时候，算命先生说你长大了，一定要离别故乡，看来，这句话倒要应验的了。"我在湘潭城内，认识了郭葆生，名叫人漳，是个道台班子（有了道台资格还未补到实缺的人）的大少爷。又认识了一位桂阳州的名士夏寿田，号叫午诒，也是一位贵公子。回家后，仍和一般老朋友们在一起，作诗刻印章。黎松安知道我小时候多病，又曾吐过血，此刻见我跑东跑西，很够忙的，屡次劝我戒除吸水烟的习惯。说："吸烟对于身体大有妨害，尤其你这个早年吐过血的人，更要小心！"我敷衍他的面子，口头上是答应不吸了，背了他还是照样地吸。有一天，给他发觉了，他气恼到了极点，绷起着脸，大声地说了我一顿，又逼着我到孔夫子的神牌面前，叫我行礼宣誓。朋友这样地爱惜我，真是出于一番诚意，我怎能辜负了他呢？从此我把吸水烟的习惯，完全戒掉了。这时松安家新造了一所书楼，名叫诵芬楼，罗山诗社的诗友们，就在那里集会。我们龙山诗社的人，也常去参加。次年，我三十六岁，春君生了个女孩，小名叫作阿梅。黎薇荪的儿子戬斋，交给我丁龙泓、黄小松两家的印谱，说是他父亲从四川寄回来送给我的。薇荪是甲午科的翰林，外放在四川做官，他们父子俩跟我都是十分相好的。前年，黎松安给过我丁、黄刻印的拓片，现在薇荪又送我丁、黄印谱，我对于丁、黄两家精密的刀法，就有了途轨可循了。

光绪二十五年（己亥·一八九九），我三十七岁。

正月，张仲飏介绍我去拜见王湘绮先生，我拿了我作的诗文，写的字，画的画，刻的印章，请他评阅。湘公说："你画的画，刻的印章，又是一个寄禅黄先生哪！"湘公说的寄禅，是我们湘潭有名的一个和尚，俗家姓黄，原名读山，是宋朝黄山谷的后裔，出家后，法名敬安，寄禅是他的法号，他又自号为八指头陀。他也是少年寒苦，自己发愤成名，湘公把他来比我，真是抬举我了。那时湘公的名声很大，一般趋势好名的人，都想列入门墙，递上一个门生帖子，就算作王门弟子，在人前卖弄卖弄，觉得很有光彩了。张仲飏屡次劝我拜湘公的门，我怕人家说我标榜，迟迟没有答应。湘公见我这人很奇怪，说高傲不像高傲，说趋附又不肯趋附，简直莫名其所以然。曾对吴劭之说："各人有各人的脾气，我们门下有铜匠衡阳人曾招吉，铁匠我同县乌石寨人张仲飏，还有一个同县的木匠，也是非常好学的，却始终不肯做我的门生。"这话给张仲飏听到了，特来告诉我，并说："王老师这样地看重你，还不去拜门？人家求都求不到，你难道是招也招不来吗？"我本也感激湘公的一番厚意，不敢再固执，到了十月十八日，就同了仲飏，到湘公那里，正式拜门。但我终觉得自己学问太浅，老怕人家说我拜入王门，是想抬高身份，所以在人面前，不敢把湘绮师挂在嘴边。不过我心里头，对湘绮师是感佩得五体投地的。仲飏又对我说："湘绮师评你的文，倒还像个样子，诗却成了《红楼梦》里呆霸王薛蟠的一体了。"这句话真是说着我的毛病了。我作的诗，完全写我心里头要说的话，没有在字面上修饰过，自己看来，也有点呆霸干那样的味儿哪！

那时，黎铁安又介绍我到长沙省城里，给茶陵州的著名绅士谭氏三兄弟，刻他们的收藏印记。这三位都是谭钟麟的公子。谭钟麟做过闽浙总督和两广总督，是赫赫有名的一品大员。他们三兄弟，大的叫谭延闿，号组安；次的叫谭恩闿，号组庚；小的叫谭泽闿，号组同，又号瓶斋。我一共给他们刻了十多方印章，自己看着，倒还过得去，没有什么不对的地方。却有一个丁拔贡，名叫可钧的，自称是个金石家，指斥我的刀法太懒，说了不少坏话。谭氏兄弟那时对于刻印还不十分内行，听了丁拔贡的话，以耳代目，就把我刻的字，统都磨掉了，另请这位丁拔贡去刻了。我听到这个消息，心想：我和丁可钧，都是模仿丁龙泓、黄小松两家的，走的是同一条路，难道说，他刻的对，我就不对了吗？究竟谁对谁不对，懂得此道的人自有公论，我又何必跟他计较，也就付之一笑而已。

光绪二十六年（庚子·一九〇〇），我三十八岁。

湘潭县城内，住着一位江西盐商，是个大财主。他逛了一次衡山七十二峰，以为这是天下第一胜景，想请人画个南岳全图，作为他游山的纪念。朋友介绍我去应征，我很经意地画成六尺中堂十二幅。我为了凑合盐商的意思，着色特别浓重；十二幅画，光是石绿一色，足足地用了二斤，这真是一个笑柄。盐商看了，却是十分满意，送了我三百二十两银子。这三百二十两，在那时是一个了不起的数目，人家听了，吐吐舌头说："这还了得，画画真可以发财啦！"因为这一次画，我得了这样的高价，传遍了湘潭附近各县，从此我卖画的名声，就大了起来，生意也就益发地多了。

我住的星斗塘老屋，房子本来很小，这几年，家里添了好多人口，显得更见狭窄了。我拿回了三百二十两银子，就想另外找一所住房，住得宽展一些。恰巧离白石铺不远的狮子口，在莲花砦下面，有所梅公祠，附近还有几十亩祠堂的祭田，正在招人典租，索价八百两银子，我很想把它承典过来，只是没有这些银子。我有一个朋友，是种田的，他愿意典祠堂的祭田，于是我出三百二十两，典住祠堂房屋，他出四百八十两，典种祠堂祭田。事情办妥，我祖母和我父亲母亲，都不很赞成，但也并不反对，我就同了我妻陈春君，带着我们两个儿子，两个女儿，搬到梅公祠去住了。莲花砦离馀霞岭，有二十来里地，一望都是梅花，我把住的梅花祠，取名为百梅书屋。我作过一首诗，说：

最关情是旧移家，屋角寒风香径斜。

芭蕉书屋图，180cm×47cm，
约20世纪30年代

二十里中三尺雪，馀霞双展到莲花。

梅公祠边，梅花之外，还有很多木芙蓉，花开时好像铺着一大片锦绣，好看得很。我定居北京以后，回想那时的故居，也曾题过一首诗：

廿年不到莲花洞，草木馀情有梦通。
晨露替人垂别泪，百梅祠外木芙蓉。

梅公祠内，有一点空地，我添盖了一间书房，取名借山吟馆。房前屋后，种了几株芭蕉，到了夏天，绿荫铺阶，凉生几榻，尤其是秋风夜雨，潇潇籁籁，助人诗思。我有句云："莲花山下窗前绿，犹有挑灯雨后思。"这一年我在借山吟馆里，读书学诗，作的诗，竟有几百首之多。

梅公祠离星斗塘不过五里来地，并不太远。我和春君，常常回到星斗塘去看望祖母和我父亲母亲，他们也常到梅公祠来玩儿。从梅公祠到星斗塘，沿路水塘内，种的都是荷花，到花盛开之时，在塘边行走，一路香风，沁人心胸。我有两句诗说："五里新荷田上路，百梅祠到杏花村。"我在梅公祠门前的水塘内，也种了不少荷花，夏末秋初，结的莲蓬很多，在塘边用稻草搭盖了一个棚子，嘱咐我两个儿子，轮流看守。那年，我大儿子良元，年十二岁，次儿良黼，年六岁。他们兄弟俩，平常日子，到山上去砍柴，砍得挺卖力气，我见了心里很喜欢。穷人家的孩子，总是手脚勤些的好。有一天，中午刚过，我到门前塘边闲步，只见良黼躺在草棚之下，睡得正香。草棚是很小的，遮不了他整个身体，棚子顶上盖的稻草，又极稀薄，他穿了一件破旧的短衣，汗出得像流水一样。我看看地上的草，都

墨芙蓉，42cm×20.5cm，1919 年

芭蕉叶卷抱秋花，
99cm×33cm，1951 年

借山吟馆图，
128cm×62cm，
1932 年

给太阳晒得枯了。心想，他小小年纪，在这毒烈的太阳底下，怎么能受得了呢？就叫他道："良黼，你睡着了吗？"他从睡梦中霍地坐了起来，怕我责备，擦了擦眼泪，对我看看，喘着气，咳了一声嗽。我看他怪可怜的，就叫他跟我进屋去，这孩子真是老实极了。

光绪二十七年（辛丑·一九〇一），我三十九岁。

朋友问我："你的借山吟馆，取了借山两字，是什么意思？"我说："意思很明白，山不是我所有，我不过借来娱目而已！"我就画了一幅《借山吟馆图》，留作纪念。有人介绍我到湘潭县城里，给内阁中书李家画像。这位李中书，名叫镇藩，号翰屏，是个傲慢自大的人，向来是谁都看不起的，不料他一见我面，却谈得非常之好，而且还彬彬有礼。我倒有点奇怪了，以为这样一个有名的狂士，怎么能够跟我交上朋友了呢？经过打听，原来他有个内阁中书的同事，是湘绮师的内弟蔡枚功，名毓春，曾经对他说过："国有颜子而不知，深以为耻。"蔡公这样地抬举我，李翰屏也就对我另眼相看了。那年十二月十九日，我遭逢了一件大不幸的事情，我祖母马孺人故去了。我小时候，她背了我下地做活，在穷苦无奈之时，她宁可自己饿着肚子，留了东西给我吃，想起了以前种种情景，心里头真是痛如刀割。

借山图册，30cm×48cm×2，约 1902 年

六、五出五归（1902—1916）

光绪二十八年（壬寅·一九〇二），我四十岁。

四月初四日，春君又生了个男孩，这是我们的第三子，取名良琨，号子如。我在四十岁以前，没有出过远门，来来往往，都在湘潭附近各地。而且到了一地，也不过稍稍勾留，少则十天半月，至多三五个月。得到一点润笔的钱，就拿回家去，奉养老亲，抚育妻子。我不希望发什么财，只图糊住了一家老小的嘴，于愿已足；并不作远游之想。那年秋天，夏午诒由翰林改官陕西，从西安来信，叫我去教他的如夫人姚无双学画，知道我是靠作画刻印的润资度日的，就把束脩和旅费，都汇寄给我。郭葆生也在西安，怕我不肯去，寄了一封长信来，说：

> 无论作诗作文，或作画刻印，均须于游历中求进境。
> 作画尤应多游历，实地观察，方能得其中之真谛。古人云，
> 得江山之助，即此意也。作画但知临摹前人名作或画册画谱
> 之类，已落下乘，倘复仅凭耳食，随意点缀，则隔靴搔痒，
> 更见其百无一是矣。兄能常作远游，眼界既广阔，心境亦舒
> 展，辅以颖敏之天资，深邃之学力，其所造就，将无涯涘，
> 较之株守家园，故步自封者，诚不可以道里计也。关中夙号
> 天险，山川雄奇，收之笔底，定多杰作。兄仰事俯蓄，固知
> 惮于旅寄，然为画境进益起见，西安之行，殊不可少，尚望
> 早日命驾，毋劳踌躇！

我经他们这样督促，就和父母商量好了，于十月初，别了春君，动身北上。

有一个十三岁的姑娘，天资很聪明，想跟我学画，我因为要远游，没有答允她。她来信说："俟为白石门生后，方为人妇，恐早嫁有管束，不成一技也。"我看她很有志气，在动身到西安之前，特地去跟她话别。想不到她不久就死了，这一别竟不能再见，真是遗憾得很。十多年后，我想起了她，曾经作过两首诗：

最堪思处在停针，一艺无缘泪满襟。
放下绣针伸一指，凭空不语写伤心。

一别家山十载馀，红鳞空费往来书。
伤心未了门生愿，怜汝罗敷未有夫。

我生平念念不忘的文字艺术知己，这位小姑娘，乃是其中的一个。

那时，水陆交通，很不方便，长途跋涉，走得非常之慢，我却趁此机会，添了不少画料。每逢看到奇妙景物，我就画上一幅。到此境界，才明白前人的画谱，造意布局和山的皴法，都不是没有根据的。我在中途，画了很多，最得意的有两幅。一幅是路过洞庭湖，画的是《洞庭看日图》，我六十岁后，补题过一首诗：

往余过洞庭，鲫鱼下江吓。
浪高舟欲埋，雾重湖光没。
雾中东望一帆轻，帆腰日出如铜钲。
举篙敲钲复住手，窃恐蛟龙闻欲惊。

借山图之三，30cm×48cm，约1910年

湘君驶云来，笑我清狂客。

请博今宵欢，同看长圆月。

回首二十年，烟霞在胸膈。

君山初识余，头还未全白。

一幅是快到西安之时，画的是《灞桥风雪图》，我也题过一首诗：

名利无心到二毛，故人一简远相招。

蹇驴背上长安道，雪冷风寒过灞桥。

这两幅图，我都列入借山吟馆图卷之内。

我到西安，已是十二月中旬了。见着午诒，又会到了葆生，张仲飏也在西安，还认识了长沙人徐崇立。无双跟我学画，倒也闻一知十，进步很快，我门下有这样一个聪明的女弟子，觉得很高兴，就刻了一方印章"无双从游"，作为纪念。我同几位朋友，暇时常去游览西安附近名胜，所有碑林、雁塔坡、牛首山、华清池等许多名迹，都游遍了。

在快要过年的时候，午诒介绍我去见陕西臬台樊樊山，樊山名增祥，号云门，湖北恩施人，是当时的名士，又是南北闻名的大诗人。我刻了几方印章，带了去，想送给他。到了臬台衙门，因为没有递"门包"，门上不给我通报，白跑了一趟。午诒跟樊山说了，才见着了面。樊山送了我五十两银子，作为刻印的润资，又替我订了一张刻印的润例：

　　常用名印，每字三金，石广以汉尺为度，石大照加。
石小二分，字若黍粒，每字十金。

是他亲笔写好了交给我的。在西安的许多湖南同乡，看见臬台这样地看得起我，就认为是大好的进身之阶。张仲飏也对我说，机会不可错过，劝我直接去走臬台门路，不难弄到一个很好的差事。我以为一个人要是利欲熏心，见缝就钻，就算钻出了名堂，这个人的人品，也可想而知了。因此，仲飏劝我积极营谋，我反而劝他悬崖勒马。仲飏这样一个热衷功名的人，当然不会受我劝的，但是像我这样一个淡于名利的人，当然也不会听他的话。我和他，从此就有点小小隔阂，他的心里话，也就不跟我说了。

光绪二十九年（癸卯·一九〇三），我四十一岁。

在西安住了三个来月，夏午诒要进京谋求差事，调省江西，邀我同行。樊樊山告诉我，他五月中也要进京，慈禧太后喜欢绘画，宫内有位云南籍的寡妇缪素筠，给太后代笔，吃的是六品俸，她可以在太后面前推荐我，也许能够弄个六七品的官衔。我笑着说："我是没见过世面的人，叫我去当内廷供奉，怎么能行呢？我没有别的打算，只想卖卖画，刻刻印章，凭着这一双劳苦的手，积蓄得三二千两银子，带回家去，够我一生吃喝，也就心满意足了。"夏午诒说："京城里遍地是银子，有本领的人，俯拾即是，三二千两银子，算得了什么！濒生当了内廷供奉，在外头照常可以卖画刻印，还怕不够你一生吃喝吗？"我听他们都是官场口吻，不便接口，只好相对无言了。我在西安，住得虽不甚久，却有些留恋之意，在离开之前，又去游了一次雁塔，题了一首诗：

长安城外柳丝丝，雁塔曾经春社时。
无意姓名题上塔，至今人不识阿芝。

我不喜欢出风头的意思，在这首诗里，说得很明白的了。

三月初，我随同午诒一家，动身进京。路过华阴县，登上了万岁楼，面对华山，看个尽兴。一路桃花，长达数十里，风景之美，真是生平所仅见。到晚晌，我点上了灯，在灯下画了一幅《华山图》。华山山势陡立，看去真像刀削一样。渡了黄河，在弘农涧地方，远看嵩山，另是一种奇景。我向旅店中借了一张小桌子，在涧边画了一幅《嵩山图》。这图同《华山图》，我都收在借山图卷内了。在漳河岸边，看见水里有一块长方形的石头，好像是很光滑的，我想取了来，磨磨刻字刀，倒是十分相宜。拾起来仔细一看，却是块汉砖，铜雀台的遗物，无意间得到了稀见的珍品，真是喜出望外。可惜十多年后，在家乡的兵乱中，给土匪抢去了。

我进了京城，住在宣武门外北半截胡同夏午诒家。每天教无双学画以外，应了朋友的介绍，卖画刻印章。闲暇时候，当去逛琉璃厂，看看古玩字画。也到大栅栏一带去听听戏。认识了湘潭同乡张翙六，号贡吾；衡阳人曾熙，号农髯；江西人李瑞荃，号筠庵。其馀还有不少的新知旧友，常在一起游宴。但是一般势利的官场中人，我是不愿和他们接近的。记得我初认识曾农髯时，误会他是个势利人，嘱咐午诒家的门房，待他来时，说我有病，不能会客。他来过几次，都没见着。一次他又来了，不待通报，直闯进来，连声说："我已经进来，你还能不见我吗？"我无法再躲，只得延见。农髯是个风雅的饱学之士，后来跟我交得很好，当初是我错看了他，实在抱歉之极。三月三十日那天，午诒同杨度等发起，在陶然亭饯春，到了不少的诗人，我画了一幅《陶然亭饯春图》。杨度，号晳子，湘潭同乡，也是湘绮师的门生。我作过一首诗，寄给樊樊山，中有四句说：

陶然亭上饯春早，晚钟初动夕阳收。
挥毫无计留春住，落霞横抹胭脂愁。

就是说的那年我画《饯春图》这回事。

华山图，26cm×24cm，约 1903 年

　　到了五月，听说樊山已从西安启程，我怕他来京以后，推荐我去当内廷供奉，少不得要添出许多麻烦。我向午诒说："离家半年多，想念得很，打算出京回家去了。"午诒留着我，我坚决要走。他说："既然留你不得，我也只好随你的便！我想，给你捐个县丞，指省江西，你到南昌去候补，好不好呢？县丞虽是微秩，究属是朝廷的命官，慢慢地磨上了资格，将来署个县缺，是并不难的。况且我是要到江西去的，替你打点打点，多少总有点照应。"我说："我哪里会做官，你的盛意，我只好心领而已。我如果真的到官场里去混，那我简直是受罪了！"午诒看我意志并无犹豫，知道我是决不会干的，

也就不再勉强，把捐县丞的钱送了给我。我拿了这些钱，连同在西安、北京卖画刻印章的润资，一共有了二千多两银子，可算是不虚此行了。我在北京临行之时，买了点京里的土产，预备回家后送送亲友。又在李玉田笔铺，定制了画笔六十支，每支上面挨次刻着号码，自第一号起，至第六十号止，刻的字是："白石先生画笔第几号。"当时有人说，不该自称先生，这样的刻笔，未免狂妄。实则从前金冬心就自己称过先生，我模仿着他，有何不可呢？樊樊山在我出京后不久，也到了京城，听说我已走了，对夏午诒说："齐山人志行很高，性情却有点孤僻啊！"

　　我出京后，从天津坐海轮，过黑水洋，到上海，再坐江轮，转汉口，回到家乡，已是六月炎天了。我从壬寅年四十岁起至己酉年四十七岁止，这八年中，出过远门五次，是我生平可纪念的五出五归。这次远游西安、北京，绕道天津、上海回家，是我五出五归中的一出一归，也就是我出门远游的第一次。那时，同我合资典租梅公祠祭田的那位朋友想要退田，和我商量，我在带回家的二千多两银子中，提出四百八十两给了他，以后梅公祠的房子和祭田，统都归我承典了。我回乡以后，仍和旧日师友常相晤叙，作画吟诗刻印章，是每天的日课。胡沁园师见了我画的《华山图》，很为赏识，赞不绝口，拿来一把团扇，叫我缩写在他的扇面上，我就很经意地给他画了。沁园师很高兴，笑着对我说："读万卷书，行万里路，都是人生快意之事，第二句你做到了，慢慢地再做到第一句，那就更好了。"沁园师总是很诚恳地这样期许我。

　　光绪三十年（甲辰·一九〇四），我四十二岁。

春间，王湘绮师约我和张仲飏同游南昌。过九江，游了庐山。到了南昌，住在湘绮师的寓中，我们常去游滕王阁、百花洲等名胜。铜匠出身的曾招吉，那时在南昌制造空运大气球，听说他试验了几次，都掉到水里去了，人都作为笑谈，他仍是专心一志地研究。他也是湘绮师的门生，和铁匠出身的张仲飏、木匠出身的我，同称"王门三匠"。他们二人的学问，也许比我高明些，但是性情可不与我一样。仲飏也是新从陕西回来，他是一个热心做官的人，喜欢高谈阔论，说些不着边际的大话，表示他的抱负不凡。招吉平常日子都穿着官靴，走起路来，迈着鸭子似的八字方步，表示他是一个会做文章的读书人。南昌是江西省城，大官儿不算很少，钦慕湘绮师的盛名，时常来登门拜访。仲飏和招吉，依傍老师的面子，周旋其间，倒也认识了很多阔人。我却怕和他们打着交道，看见他们来了，就躲在一边，避不见面，并不出去招呼，所以他们认识我的很少。仲飏、招吉常常笑我是个迂夫子，我也只能甘心做我的迂夫子而已。

　　七夕那天，湘绮师在寓所，招集我们一起饮酒，并赐食石榴。席间，湘绮师说："南昌自从曾文正公去后，文风停顿了好久，今天是七夕良辰，不可无诗，我们来联句吧！"他就自己首唱了两句："地灵胜江汇，星聚及秋期。"我们三个人听了，都没有联上，大家互相看看，觉得很不体面。好在湘绮师是知道我们底细的，看我们谁都联不上，也就罢了。我在夏间，曾把我所刻的印章拓本，呈给湘绮师评阅，并请他作篇序文。就在那天晚上，湘绮师把作成的序文给了我。文内有几句话，说：

> 白石草衣，起于造士，画品琴德，俱入名域，尤精刀笔，
> 非知交不妄应。朋座密谈时，有生客至，辄逡巡避去，有高
> 世之志，而恂恂如不能言。

这虽是他老人家溢美之言，太夸奖了我，但所说我的脾气，确是一点不假，真可以算是我的知音了。到了八月十五中秋节，我才回到了家乡。这是我五出五归中的二出二归。想起七夕在南昌联句之事，觉得作诗这一门，倘不多读点书，打好根基，实在不是容易的事。虽说我也会哼几句平平仄仄，怎么能够自称为诗人了呢？因此，就把借山吟馆的"吟"字删去，我的书室，只名为"借山馆"了。

光绪三十一年（乙巳·一九〇五），我四十三岁。

在黎薇荪家里，见到赵之谦的《二金蝶堂印谱》，借了来，用朱笔勾出，倒和原本一点没有走样。从此，我刻印章，就模仿赵㧑叔一体了。我作画，本是画工笔的，到了西安以后，渐渐改用大写意笔法。以前我写字，是学何子贞的，在北京遇到了李筠庵，跟他学写魏碑，他叫我临爨龙颜碑，我一直写到现在。人家说我出了两次远门，作画写字刻印章，都变了样啦，这确是我改变作风的一个大枢纽。

七月中旬，汪颂年约我游桂林。颂年名诒书，长沙人，翰林出身，时任广西提学使。广西的山水，是天下著名的，我就欣然而往。进了广西境内，果然奇峰峻岭，目不暇接。画山水，到了广西，才算开了眼界啦！只是桂林的气候，倏忽多变，炎凉冷暖，捉摸不定，

出去游览，必须把棉夹单三类衣服，带个齐全，才能应付天气的变化。我作过一首诗：

广西时候不相侔，自打衣包作小游。
一日扁舟过阳朔，南风轻葛北风裘。

并不是过甚其辞。

我在桂林，卖画刻印为生。樊樊山在西安给我定的刻印润格，我借重他的大名，把润格挂了出去，生意居然很好。我作了一首纪事诗：

眼昏隔雾尚雕镌，好事诸公肯出钱。
死后问心何值得，寻常一字价三千。

那时，宝庆人蔡锷，号松坡，新从日本回国，在桂林创办巡警学堂。看我赋闲无事，托人来说：巡警学堂的学生，每逢星期日放假，常到外边去闹事，想请我在星期日那天，去教学生们作画，每月送我薪资三十两银子。我说："学生在外边会闹事，在里头也会闹事，万一闹出轰教员的事，把我轰了出来，颜面何存，还是不去的好。"三十两银子请个教员，在那时是很丰厚的薪资，何况一个月只教四天的课，这是再优惠没有的了。我坚辞不就，人都以为我是个怪人。松坡又有意自己跟我学画，我也婉辞谢绝。

有一天，在朋友那里遇到一位和尚，自称姓张，名中正，人都称他为张和尚。我看他行动不甚正常，说话也多可疑，问他从哪里来，往何处去，他都闪烁其词，没曾说出一个准地方，只是吞吞吐吐地"唔"了几声，我也不便多问了。他还托我画过四条屏，送了我二十块银圆。我打算回家的时候，他知道了，特地跑来对我说："你哪天走？我预备骑着马，送你出城去！"这位和尚，待友倒是很殷勤的。到了民国初年，报纸上常有黄克强的名字，是人人知道的。朋友问我："你认识黄克强先生吗？"我说："不认识。"又问我："你总见过他？"我说："素昧平生。"朋友笑着说："你在桂林遇到的张和尚，既不姓张，又不是和尚，就是黄先生。"我才恍然大悟，但是我和黄先生始终没曾再见过面。

光绪三十二年（丙午·一九〇六），我四十四岁。

在桂林过了年，打算要回家，画了一幅《独秀山图》，作为远游的纪念，我把这图也收入借山图卷里去。许多朋友知道我要走了，都留着我不放，我说回家去看看再来。正想动身的时候，忽接我父亲来信，说是四弟纯培和我的长子良元，从军到了广东，因为他们叔侄两人年轻，没曾出过远门，家里很不放心，叫我赶快去追寻。我也觉得事出突然，就辞别众友，取道梧州，到了广州，住在祇园寺庙内。探得他们跟了郭葆生，到钦州去了。原来现任两广总督袁海观，也是湘潭人，跟葆生是亲戚。葆生是个候补道，指省广东不久，就放了钦廉兵备道。钦廉是钦州、廉州两个地方，道台是驻在钦州的。纯培和良元，是葆生叫去的，他们怕家里不放远行，瞒了人，偷偷地到了广东。我打听到确讯，匆匆忙忙地赶了一千多里的水陆路程，到了钦州。葆生笑着说："我叫他们叔侄来到这里，连你这位齐山

借山图之五，30cm×48cm，约 1910 年

人也请到了！"我说："我是找他们来的，既已见到，家里也就放心了。"葆生本也会画几笔花鸟，留我住了几个月，叫他的如夫人跟我学画。他是一个好名的人，自己画得虽不太好，却很喜欢挥毫，官场中本没有真正的是非，因为他官衔不小，求他画的人倒也不少。我到了以后，葆生好像有了一个得力的帮手，应酬画件，就叫我代为捉刀。我在他那里，代他画了很多，他知道我是靠卖画为生的，送了我一笔润资。他搜罗的许多名画，像八大山人、徐青藤、金冬心等真迹，都给我临摹了一遍，我也得益不浅。到了秋天，我跟葆生订了后约，独自回到家乡。这是我五出五归中的三出三归。

我回家后不久，周之美师傅于九月二十一日故去了。我听得这个消息，心里难受得很。回想当初跟我师傅学艺的时候，师傅视我如子，把他雕花的绝技，全套教给了我。出师后，我虽常去看他，只因连年在外奔波，相见的日子，并不甚多。不料此次远游归来，竟成长别。师傅又没有后嗣，身后凄凉，令人酸鼻。我到他家去哭奠了一场，又作了一篇《大匠墓志》去追悼他。凭我这一点微薄的意思，怎能报答我师傅当初待我的恩情呢？

那时，我因梅公祠的房屋和祠堂的祭田，典期届满，另在馀霞峰山脚下、茶恩寺茹家冲地方，买了一所破旧房屋和二十亩水田。茹家冲在白石铺的南面，相隔二十来里。西北到晓霞山，也不过三十来里。东面是枫树坳，坳上有大枫树百十来棵，都是几百年前遗留下来的。西北是老坝，又名老溪，是条小河，岸的两边，古松很多。我们房屋的前面和旁边，各有一口水井，井边种了不少的竹子，房前的井，名叫墨井。这一带在四山围抱之中，风景很是优美。我把破旧的房屋，翻盖一新，取名为寄萍堂。堂内造一书室，取名为八砚楼，名虽为楼，并非楼房，我远游时得来的八块砚石，置在室中，所以题了此名。这座房子，是我画了图样盖的，前后窗户，安上了从上海带回来的细铁丝纱，我把它称作"碧纱橱"。朋友们都说：轩畅爽朗，样式既别致，又合乎实用。布置妥当，于十一月二十日，我同春君带着儿女们，从梅公祠旧居，搬到了茹家冲新宅。我以前住的，只能说是借山，此刻置地盖房，才可算是买山了。十二月初七日，大儿媳生了个男孩，这是我的长孙，取名秉灵，号叫近衡。因他生在搬进新宅不到一月，故又取号移孙。邻居们看我新修了住宅，又添了一个孙子，都来祝贺说："人兴财旺！"我的心境，确比前几年舒展得多了。

光绪三十三年（丁未·一九〇七），我四十五岁。

上年在钦州与郭葆生话别，订约今年再去。过了年，我就动身了。坐轿到广西梧州，再坐轮船，转海道而往。到了钦州，葆生仍旧叫我教他如夫人学画，兼给葆生代笔。住不多久，随同葆生到了肇庆。游鼎湖山，观飞泉潭。泉水像泼天河似的，倾泻而下，声音像打雷一样震人耳膜。我在潭的底下，站立了好久，一阵阵清秀之气，令人神爽。又往高要县，游端溪，谒包公祠。端溪是出产砚石著名的地方，但市上出卖的都是新货，反不如北京琉璃厂古玩铺内常有老坑珍品出售。俗谚所谓"出处不如聚处"，这话是不错的。钦州辖界，跟越南接壤，那年边疆不靖，兵备道是要派兵去巡逻的。我趁此机会，随军到达东兴。这东兴在北仑河北岸，对面是越南的芒街，过了铁桥，到了北仑河南岸，浏览越南山水。野蕉数百株，映得满天都成碧色。我画了一张《绿天过客图》，收入借山图卷之内。那边的山水，倒是另有一种景色。

回到钦州，正值荔枝上市，沿路我看了田里的荔枝树，结着累累的荔枝，倒也非常好看，从此我把荔枝也入了我的画了。曾有人拿了许多荔枝来，换了我的画去，这倒可算是一桩风雅的事。还有一位歌女，我捧过她的场，她常常剥了荔枝肉给我吃。我作了一首纪事诗：

客里钦州旧梦痴，南门河上雨丝丝。

此生再过应无分，纤手教侬剥荔枝。

钦州城外，有所天涯亭，我每次登亭游眺，总不免有点游子之思。记得上年二月间，初到此地，曾作一首诗：

借山图之十一，30cm×48cm，约 1910 年

看山曾作天涯客，记得归家二月期。

游遍鼎湖山下路，木棉十里子规啼。

当初本想略住几天，就回家去，为葆生留下，直到秋天，才回家乡。今年春天到此，转瞬之间，又到了冬月，我就向葆生告辞，动身回乡，到家已是腊鼓频催的时节了。这是五出五归中的四出四归。

光绪三十四年（戊申·一九〇八），我四十六岁。

罗醒吾在广东提学使衙门任事，叫我到广州去玩玩。我于二月间到了广州，本想小住几天，转道往钦州，醒吾劝我多留些时，我就在广州住下，仍以卖画刻印为生。那时广州人看画，喜的是"四王"

一派，我的画法，他们不很了解，求我画的人很少。唯独刻印，他们却非常夸奖我的刀法，我的润格挂了出去，求我刻印的人，每天总有十来起。因此卖艺生涯，亦不落寞。醒吾参加了孙中山先生领导的同盟会，在广州做秘密革命工作。他跟我同是龙山诗社七子之一，平日处得很好，彼此无话不谈。此番在广州见面，他悄悄地把革命党的内容和他工作的状况，详细无遗地告诉了我，并要我帮他做点事，替他们传递文件。我想，这倒不是难办的事，只须机警地不露破绽，不会发生什么问题，当下也就答允了。从此，革命党的秘密文件，需要传递，醒吾都交我去办理。我是假借卖画的名义，把文件夹杂在画件之内，传递得十分稳妥。好在这样的传递，每月并没有多少次，所以始终没露痕迹。秋间，我父亲来信叫我回去，我在家住了没有多久，父亲叫我往钦州接我四弟和我长子回家，又动身到了广东。

宣统元年（己酉·一九〇九），我四十七岁。

在广州过了年，正月到钦州，葆生留我住过了夏天，我才带着我四弟和我长子，经广州往香港。在钦州到广州的路上，看见人家住的楼房，多在山坳林木深处，别有一种景趣。我回想起来，曾经作过一首诗：

好山行过屡回头，戊己连年忆粤游。
佳景至今忘不得，万山深处著高楼。

到了香港，换乘海轮，直达上海。住了几天，正值中秋佳节，我想游山赏月，倒是很有意思，就携同纯培和良元，坐火车往苏州，天快黑了，乘夜去游虎丘。恰巧那天晚上，天空阴沉沉的，一点月光都没有，大为扫兴。那时苏州街头，专有人牵着马待雇的，我们雇了三匹马，骑着去。我骑的是一匹瘦马，走到山塘桥，不知怎的，马忽然受了惊，幸而收缰得快，没有出乱子。第二天，我们到了南京。我想去见李梅庵，他往上海去了，没有见着。梅庵，名瑞清，是筠庵的哥哥，是当时的一位有名书法家。我刻了几方印章，留在他家，预备他回来送给他。在南京，匆匆逛了几处名胜，就坐江轮西行。路过江西小姑山，在轮中画了一幅《小姑山图》，收入我的借山图卷之内。直到民国十五年，从湘潭回北京，又路过那里，我才题了一首诗：

> 往日青山识我无？廿年心与迹都殊。
> 扁舟隔浪丹青手，双鬓无霜画小姑。

九月，回到了家。这是我五出五归末一次回来。我从壬寅年四十岁起，到己酉年四十七岁，八年之间，走遍了半个中国，浏览了陕西、北京、江西、广东、广西、江苏六处有名的山水，沿路经过的省份，还不算在内。这是我平生最可纪念的事，老来回想，也还很有馀味。

宣统二年（庚戌·一九一〇），我四十八岁。

沁园师早先曾说过："行万里路，读万卷书。"我这几年，路虽走了不少，书却读得不多。回家以后，自觉书底子太差，天天读些古文诗词，想从根基方面，用点苦功。有时和旧日诗友，分韵斗诗，刻烛联吟，往往一字未妥，删改再三，不肯苟且。还把游历得来的山水画稿，重画了一遍，编成借山图卷，一共画了五十二幅。其中三十幅，为友人借去未还，现在只存了二十二幅。馀暇的时候，在山坳屋角之间和房外菜圃的四边，种了各种果树，又在附近池塘之内，养了些鱼虾。当我植树莳花、挑菜掘笋和养鱼之时，儿孙辈都随我一起操作，倒也心旷神怡。朋友胡廉石把他自己住在石门附近的景色，请王仲言拟了二十四个题目，叫我画《石门二十四景图》，我精心构思，换了几次稿，费了三个多月的时间，才把它画成。廉石和仲言，都说我远游归来，画的境界，比以前扩展得多了。

黎薇荪自从四川辞官归来，在家乡当上了绅士，很是逍遥自在。去年九月，我刚回到家乡，他就订约邀我去游天衢山，送我一首诗，有句说："探梅莫负衢山约。"天衢山在湘潭城南五十二里，是我们家乡著名的风景区。我和他的韵，回了他一首诗：

> 湘西归后得清娱，小费经营酒一壶。
> 宦后交游翻似梦，劫馀身世岂嫌迁。
> 梅花未著先招客，桃叶添香不负吾。
> 醉后欲眠诗思在，怜君闲与老农俱。

薇荪新近纳了一妾，故有桃叶添香的话。我尝自号白石老农，末句所说的老农，指的是我自己。本年他在岳麓山下，新造了一所别墅，取名听叶庵，叫我去玩。我到了长沙，住在通泰街胡石庵的家里。王仲言在石庵家坐馆，沁园师的长公子仙甫，也在省城。薇荪那时是湖南高等学堂的监督，高等学堂是湖南全省最高的学府，在岳麓书院的旧址，张仲飏在里头当教务长，都是熟人。我同薇荪、仲飏和胡石庵、王仲言、胡仙甫等，游山吟诗，有时又刻印作画，非常欢畅。我刻印的刀法，有了变化，把汉印的格局，融会到赵㧑叔一体之内，薇荪说我古朴耐人寻味。茶陵州的谭氏兄弟，十年前听了丁拔贡的话，把我刻的印章都磨平了，当时我的面子，真有点下不去。现在他们懂得些刻印的门径，知道了丁拔贡的话并不可靠，因此，把从前要刻的收藏印记，又请我去补刻了。同时，湘绮师也叫我刻了几方印章。省城里的人，顿时哄传起来，求我刻印的人，接连不断，我曾经有过一句诗："姓名人识鬓成丝。"人情世态，就是这样的势利啊！

宣统三年（辛亥·一九一一），我四十九岁。

春二月，听说湘绮师来到长沙，住营盘街。我进省去拜访他，并面恳给我祖母作墓志铭。这篇铭文，后来由我自己动手刻石。谭组安约我到荷花池上，给他们先人画像。他的四弟组庚，于前年八月故去，也叫我画了一幅遗像。我用细笔在纱衣里面，画出袍褂的团龙花纹，并在地毯的右角，画上一方"湘潭齐璜濒生画像记"小印，这是我近年来给人画像的记识。

清明后二日，湘绮师借瞿子玖家里的超览楼，招集友人饮宴，看樱花、海棠。写信给我说："借瞿协揆楼，约文人二三同集，请翩然一到！"我接信后就去了。到的人，除了瞿氏父子，尚有嘉兴人金甸臣、茶陵人谭祖同等。瞿子玖名鸿机，当过协办大学士、军机大臣。他的小儿子宣颖，号兑之，也是湘绮师的门生，那时还不到二十岁。瞿子玖作了一首樱花歌七古，湘绮师作了四首七律，金、谭也都作了诗。我不便推辞，只好献丑，过了好多日子，才补作了一首看海棠的七言绝句。诗道：

往事平泉梦一场，师恩深处最难忘。
三公楼上文人酒，带醉扶栏看海棠。

当日湘绮师在席间对我说："濒生这几年，足迹半天下，好久没给同乡人作画了，今天的集会，可以画一幅超览楼禊集图啦！"我说："老师的吩咐，一定遵办！"可是我口头虽答允了，因为不久就回了家，这图却没有画成。

民国元年（壬子·一九一二），我五十岁。二年（癸丑·一九一三），我五十一岁。

我自五出五归以后，希望终老家乡，不再作远游之想。住的茹家冲新宅，经我连年布置，略有可观。我学取了崇德桥附近一位老农的经验，凿竹成笕，引导山泉从后院进来，客到烧茶，不必往外挑水，很为方便。寄萍堂内的一切陈设，连我作画刻印的几案，都由我自出心裁，加工制成，一大半还是我自己动手做的。我奔波了半辈子，总算有了一个比较安逸的容身之所了。在五十一岁那年的九月，我把一点微薄的积蓄，分给三个儿子，让他们自谋生活。那时，长子良元年二十五岁，次子良黼年二十岁，三子良琨年十二岁。良琨年岁尚小，由春君留在身边，跟随我们夫妇度日。长次两子，虽仍住在一起，但各自分炊，独立门户。良元在外边做工，收入比较多些，糊口并不为难。良黼只靠打猎为生，天天愁穷。十月初一日得了病，初三日曳了一双破鞋，手里拿着火笼，还踱到我这边来，坐在柴灶前面，烤着松柴小火，向他母亲诉说窘况。当时我和春君，以为他是在父母面前撒娇，并不在意。不料才隔五天，到初八日死了，这真是意外的不幸。春君哭之甚恸，我也深悔不该急于分炊，致他忧愁而死。这孩子平日沉静少言，没有任何嗜好，常侍我侧，也已学会了刻印。他死后，我作了一篇祭文，叙述他一生经历，留给后人作纪念。

民国三年（甲寅·一九一四），我五十二岁。

雨水节前四天，我在寄萍堂旁边，亲手种了三十多株梨树。苏东坡致程全父的信说："太大则难活，小则老人不能待。"我读了这篇文章，心想：我已五十二岁的人了，种这梨树，也怕等不到吃果子，人已没了。但我后来，还幸见它结实，每只重达一斤，而且味甜如蜜，总算及吾之生，吃到自种的梨了。夏四月，我的六弟纯楚死了，享年二十七岁。纯楚一向在外边做工，当戊申年他二十一岁时，我曾戏为他画了一幅小像。前年冬，他因病回家，病了一年多而死。父亲母亲，老年丧子，非常伤心，我也十分难过，作了两首诗悼他。纯楚死后没几天，正是端阳节，我派人送信到韶塘给胡沁园师，送信人匆匆回报说：他老人家故去已七天了。我听了，心里头顿时像小刀子乱扎似的，说不出有多大痛苦。他老人家不但是我的恩师，也可以说是我生平第一知己，我今日略有成就，饮水思源，都是出于他老人家的栽培。一别千古，我怎能抑制得住满腔的悲思呢？我参酌旧稿，画了二十多幅画，都是他老人家生前赏识过的，

《石门二十四景图》之《老屋听鹂图》，34cm×45.3cm，1910年

我亲自动手裱好，装在亲自糊扎的纸箱内，在他灵前焚化。同时又作了七言绝诗十四首，又作了一篇祭文、一副挽联，联道：

衣钵信真传，三绝不愁知己少；
功名应无分，一生长笑折腰卑。

这副联语，虽说挽的是沁园师，实在是我的自况。

民国四年(乙卯·一九一五)，我五十三岁。五年(丙辰·一九一六)，我五十四岁。

经年不曾作画况笔破
惫弱不能应手知者自知
癸丑春 萍翁

李铁拐像，77.5cm×40cm，1913 年

《石门二十四景图》之《春坞纸鸢图》，34cm×45.3cm，1910年

　　乙卯冬天，胡廉石把我前几年给他画的《石门二十四景图》送来，叫我题诗。我看黎薇荪已有诗题在前面，也技痒起来，每景补题了一诗。我们湖南，有一位先辈的画家张叔平，名准，也会刻印章，是永绥厅人，道光己酉科的举人。我在黎薇荪家里，见到他的真迹不少，曾经临摹过一遍。丙辰九月，在茹家冲邻居那里，见着他家藏画四幅，画得笔法很苍健，却只有题字，没有题款，盖的印章，也是闲章，不是名印。我借来临了一遍，仔细查看，见其笔法、题字和印章，断定是张叔平的手迹，就在我临摹的画幅上面，题了几句。薇荪的儿子戬斋，是我的好朋友，常来我家，见了心爱，向我索取。我素知叔平和黎文肃公是乡榜同年，戬斋是文肃公后裔，就把我临摹的画，送给了他。正在那时，忽得消息，湘绮师故去了，

享年八十五岁。这又是一个意外的刺激！湘绮师在世时，负文坛重望，人多以拜门为荣。我虽列入他的门墙，却始终不愿以此为标榜。至好如郭葆生，起初也不知我是王门弟子，后来在北京，听湘绮师说起，才知道的。湘绮师故去后，我专程去哭奠了一场。回忆往日师门的恩遇，我至今铭感不忘。那年，还有一桩扫兴的事，谈起来也是很可气的。我作诗，向来是不求藻饰，自主灵性，尤其反对模仿他人，学这学那，搔首弄姿。但这十年来，喜读宋人的诗，爱他们轻朗闲淡，和我的性情相近，有时偶用他们的格调，随便哼上几句。只因不是去模仿，就没有去作全首的诗，所哼的不过是断字残联。日子多了，积得有三百多句，不意在秋天，被人偷了去。我有诗道："料汝他年夸好句，老夫已死是非无。"作诗原是雅事，到了偷袭掠美的地步，也就未免雅得太俗了。

大富贵且寿，101.5cm×34.5cm

七、定居北京（1917—1936）

民国六年（丁巳·一九一七），我五十五岁。

我自五出五归之后，这八九年来，足迹仅在湘潭附近，偶或去到长沙省城，始终没有离开湖南省境。我本不打算再作远游。不料连年兵乱，常有军队过境，南北交哄，互相混战，附近土匪，乘机蜂起。官逼税捐，匪逼钱谷，稍有违拒，巨祸立至。弄得食不安席，寝不安枕，没有一天不是提心吊胆地苟全性命。那年春夏间，又发生了兵事，家乡谣言四起，有碗饭吃的人，纷纷别谋避地之所。我正在进退两难、一筹莫展的时候，接到樊樊山来信，劝我到京居住，卖画足可自给。我迫不得已，辞别了父母妻子，携着简单行李，独自动身北上。

阴历五月十二日到京，这是我第二次来到北京，住在前门外西河沿排子胡同阜丰米局后院郭葆生家。住了不到十天，恰逢复辟之变，北京城内，风声鹤唳，一夕数惊。葆生说："民国元年正月，乱兵到处抢劫，闹得很凶，此番变起，不可不加小心。"遂于五月二十日，带着眷属，到天津租界去避难，我也随着去了。龙阳人易实甫，名顺鼎，我因樊樊山的介绍，和他相识，他也常到葆生家来闲谈，和我虽是初交，却很投机。他听说我们要赴津避难，力劝不必多此一举。我走的那天，他还派人约我到煤市街文明园听坤伶鲜灵芝的戏，我只好辜负他的厚意，回了一张便条辞谢了。我们坐上火车，路过黄村万庄一带，正值段祺瑞部将李长泰的军队，和张勋的辫子兵，打得非常激烈，火车到站，不敢停留，冒着炮火，直冲过去，侥幸没出危险，平安到津。到六月底，又随同葆生一家，返回北京，住在延寿寺街炭儿胡同，也是郭葆生家。那里同住的，有一个无赖，专想骗葆生的钱，因我在旁，碍了他的手脚，就处处跟我为难。我想，对付小人，还是避而远之，不去惹他的好，遂搬到西砖胡同法源寺庙内，和杨潜庵同住。潜庵，名昭隽，本是同乡熟友，写得一笔好字，送我的字真不少，我刻了两方印章，送他为报。张仲飏也在北京，住在阎王庙街，常来法源寺和我叙谈。

陈师曾像

我在琉璃厂南纸铺，挂了卖画刻印的润格，陈师曾见着我刻的印章，特到法源寺来访我，晤谈之下，即成莫逆。师曾名衡恪，江西义宁人，现任教育部编审员。他祖父宝箴，号右铭，做过我们湖南抚台，官声很好。他父亲三立，号伯严，又号散原，是当代的大诗人。师曾能画大写意花卉，笔致矫健，气魄雄伟，在京里很负盛名。我在行箧中，取出借山图卷，请他鉴定。他说我的画格是高的，但还有不到精湛的地方。题了一首诗给我，说：

曩于刻印知齐君，今复见画如篆文。
束纸丛蚕写行脚，脚底山川生乱云。
齐君印工而画拙，皆有妙处难区分。
但恐世人不识画，能似不能非所闻。
正如论书喜姿媚，无怪退之讥右军。

画吾自画自合古，何必低首求同群？

他是劝我自创风格，不必求媚世俗，这话正合我意。我常到他家去，他的书室，取名"槐堂"，我在他那里，和他谈画论世，我们所见相同，交谊就愈来愈深。我出京时，作了一首诗：

槐堂六月爽如秋，四壁嘉陵可卧游。
尘世几能逢此地，出京焉得不回头。

我此次到京，得交陈师曾做朋友，也是我一生可纪念的事。

樊樊山是看得起我的诗的，我把诗稿请他评阅，他作了一篇序文给我，说：

濒生书画，皆力追冬心，今读其诗，远在花之寺僧之上，真寿门嫡派也。冬心自叙其诗云，所好常在玉溪、天随之间，不玉溪，不天随，即玉溪，即天随。

又曰：

俊僧隐流钵单瓢笠之往还，饶苦硬清峭之思。今欲序濒生之诗，亦卒无以易此言也。冬心自道云，只字也从辛苦得，恒河沙里觅铜金。凡此等诗，看似寻常，皆从刿心钵肝而出，意中有意，味外有味，断非冠进贤冠，骑金络马，食中书省新煮馇头者所能知。唯当与苦行头陀，在长明灯下

读，与空谷佳人，在梅花下读，与南宋前明诸遗老，在西湖
灵隐昭庆诸寺中，相与寻摘而品定之，斯为雅称耳。

樊山这样地恭维我，我真是受宠若惊。他并劝我把诗稿付印。隔了
十年，我才印出了《借山吟馆诗草》，樊山这篇序文，就印在卷首。

　　我这次到京，除了易实甫、陈师曾二人以外，又认识了江苏泰
州凌植支（文渊）、广东顺德罗瘿公（惇曧）、敷庵（惇曧）兄弟，
江苏丹徒汪蔼士（吉麟），江西丰城王梦白（云），四川三台萧龙友（方
骏），浙江绍兴陈半丁（年）、贵州息烽姚茫父（华）等人。凌、汪、
王、陈、姚都是画家，罗氏兄
弟是诗人兼书法家，萧为名医，
也是诗人。尊公（**次溪按：这
是指我的父亲，下同**）沧海先
生，跟我同是受业于湘绮师的，
神交已久，在易实甫家晤见，
真是如逢故人，欢若平生。（**次
溪按：先君茝溪公，讳伯桢，
尝刊《沧海丛书》，别署沧海。**）
还认识了两位和尚，一是法源
寺的道阶，一是阜成门外衍法
寺的瑞光。瑞光是会画的，后
来拜我为师。旧友在京的，有
郭葆生、夏午诒、樊樊山、杨
潜庵、张仲飏等。新知旧雨，

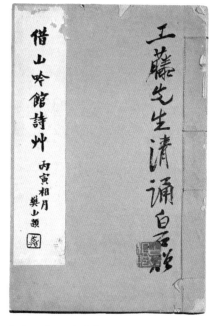

《借山吟馆诗草》，
26cm×15.2cm，1913 年

常在一起聚谈，客中并不寂寞。

不过新交之中，有一个自命科榜的名士，能诗能画，以为我是木匠出身，好像生来就比他低下一等，常在朋友家遇到，表面虽也虚与我周旋，眉目之间，终不免流露出倨傲的样子。他不仅看不起我的出身，尤其看不起我的作品，背地里骂我画得粗野，诗也不通，简直是一无可取，一钱不值。他还常说："画要有书卷气，肚子里没有一点书底子，画出来的东西，俗气熏人，怎么能登大雅之堂呢！讲到诗的一道，又岂是易事，有人说，'自鸣天籁'，这'天籁'两字，是不读书人装门面的话，试问自古至今，究竟谁是天籁的诗家呢？"

《借山吟馆诗草》，26cm×15.2cm×2，1913 年

钟馗，
133.5cm×34cm，

我明知他的话是针对着我说的。文人相轻，是古今通例，这位自称有书卷气的人，画得本极平常，只靠他的科名，卖弄身份。我认识的科甲中人，也很不少，像他这样的人，并不觉得物稀为贵。况且画好不好，诗通不通，谁比谁高明，百年后世，自有公评，何必争此一日短长，显得气度不广。当时我作的《题棕树》诗，有两句说："任君玩厌千回剥，转觉临风遍体轻。"我对于此公，总是逆来顺受，丝毫不与他计较，毁誉听之而已。到了九月底，听说家乡乱事稍定，我遂出京南下。十月初十日到家，家里人避兵在外，尚未回来，茹家冲宅内，已被抢劫一空。

民国七年（戊午·一九一八），**我五十六岁。**

家乡兵乱，比上年更加严重得多，土匪明目张胆，横行无忌，抢劫绑架，吓诈钱财，几乎天天耳有所闻，稍有馀资的人，没有一个不是慄慄危惧。我本不是富裕人家，只因这几年来，生活比较好些，一家人糊得上嘴，吃得饱肚子，附近的坏人歹徒，看着不免眼红，遂有人散布谣言，说是："芝木匠发了财啦！去绑他的票！"一般心存忌妒、幸灾乐祸的人，也跟着起哄，说："芝木匠这几年，确有被绑票的资格啦！"我听了这些威吓的话，家里怎敢再住下去呢？趁着邻居不注意的时候，悄悄地带着家人，匿居在紫荆山下的亲戚家里。那边地势偏僻，只有几间矮小的茅屋，倒是个避乱的好地方。我住下以后，隐姓埋名，时刻提防，唯恐给人知道了发生麻烦。那时的苦况，真是一言难尽。我在诗草的自序中，说过几句话：

吞声草莽之中，夜宿于露草之上，朝餐于苍松之阴。

时值炎夏，浃背汗流，绿蚁苍蝇共食，野狐穴鼠为邻。殆及一年，骨如柴瘦，所稍胜于枯柴者，尚多两目而能四顾，目睛莹莹然而能动也。

到此地步，才知道家乡虽好，不是安居之所。我答朋友的诗，有两句说："借山亦好时多难，欲乞燕台葬画师。"打算从明年起，往北京定居，到老死也不再回家乡来住了。

民国八年（己未·一九一九），我五十七岁。

三月初，我第三次来到北京。那时，我趁军队打着清乡旗号，土匪暂时敛迹的机会，离开了家乡。离家之时，我父亲年已八十一岁，母亲七十五岁。两位老人知道我这一次出门，不同以前的几次远游，定居北京，以后回来，把家乡反倒变为作客了。因此再三叮咛，希望时局安定些，常常回家看看。春君舍不得扔掉家乡一点薄产，情愿带着儿女，株守家园，说她是个女人，留在乡间，见机行事，谅无妨害，等我在京谋生，站稳脚跟，她就往来京湘，也能时时见面。并说我只身在外，一定感觉不很方便，劝我置一副室，免得客中无人照料。春君处处为我设想，体贴入微，我真有说不尽的感激。当时正值春雨连绵，借山馆前的梨花，开得正盛，我的一腔别离之情，好像雨中梨花，也在替人落泪。登上了火车，沿途风景，我无心观看，心潮起伏不定，说不出是怎样滋味。我在诗草的自序中说：

过黄河时，乃幻想曰，安得手有嬴氏赶山鞭，将一家草木，过此桥耶！

人骂我我也骂人，40.5cm×29cm

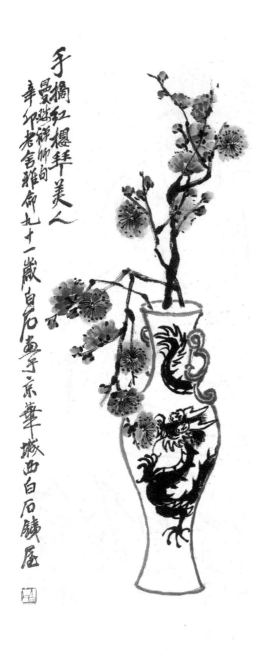

手摘红樱拜美人，
99cm×36cm，1951 年

我留恋着家乡，而又不得不避祸远离，心里头真是难受得很哪！

到了北京，仍住法源寺庙内，卖画刻印，生涯并不太好，那时物价低廉，勉强还可以维持生计。每到夜晚，想起父母妻子，亲戚朋友，远隔千里，不能聚首一处，辗侧枕上，往往通宵睡不着觉，忧愤之馀，只有作些小诗，解解心头的闷气。曾记在家临别，藤萝正开，小园景色，常在脑海里盘旋，一刻都忘它不掉。我补作了一诗：

春园初暖闹蜂衙，天半垂藤散紫霞。
雷电不行笳鼓震，好花时节上京华。

到了中秋节边，春君来信说，她为了我在京成家之事，即将来京布置，嘱我预备住宅。我托人在右安门内，陶然亭附近，龙泉寺隔壁，租到几间房，搬了进去，这是我在北京正式租房的第一次。不久，春君来京，给我聘到副室胡宝珠，她是光绪二十八年壬寅八月十五中秋节生的，小名叫作桂子，时年十八岁。原籍四川酆都县转斗桥胡家冲，父亲名以茂，是个篾匠，有一个胞姊，嫁给朱氏，还有一个胞弟，名叫海生。冬间，听说湖南又有战事，春君挂念家园，急欲回去，我遂陪她同行。起程之时，我作了一首诗，中有句云："愁似草生删又长，盗如山密划难平。"那时，我们家乡，兵匪不分，群盗如毛，我的诗，虽是志感，也是纪实。

民国九年（庚申·一九二〇），我五十八岁。

春二月，我带着三子良琨，长孙秉灵，来京就学。那年，良琨十九岁，秉灵十五岁。刚出家门，走到莲花山下，逢着大雨，附近有一人家，是我们从前的邻居，三人到他家去避雨，雨停了再走。我是出门惯的，向来不觉旅行之苦，此次带了儿孙，不免有些累赘了。我有诗纪事：

不解吞声小阿长，携家北上太仓皇。
回头有泪亲还在，咬定莲花是故乡。

到北京后，因龙泉寺僻处城南，交通很不方便，又搬到宣武门内石灯庵去住。我从法源寺搬到龙泉寺，又从龙泉寺搬到石灯庵，连搬三处，都是住的庙产，可谓与佛有缘了。戏题一诗：

法源寺徙龙泉寺，佛号钟声寄一龛。
谁识画师成活佛，槐花风雨石灯庵。

刚搬去不久，直皖战事突起，北京城内，人心惶惶，郭葆生在帅府园六号租到几间房子，邀我同去避难，我带着良琨、秉灵，祖孙父子三人，一同去住。帅府园离东交民巷不远，东交民巷有各国公使馆，附近一带，号称保卫界。我当时作了一首诗：

石灯庵里胆惶惶，帅府园间竹叶香。
不有郭家同患难，乱离谁念寄萍堂。

战事没有几天就停了，我搬回西城。只因石灯庵的老和尚，养着许多鸡犬，从早到晚，鸡啼犬吠之声，不绝于耳，我早想另迁他处。恰好宝珠托人找到了新址，战事停止后，我们全家就搬到象坊桥观音寺内。不料观音寺的佛事很忙，佛号钟声，昼夜不断，比石灯庵更加嘈杂得多。住了不到一个月，又迁到西四牌楼迤南三道栅栏六号，才算住得安定些。从此我的住所，与庙绝缘了。记得你我相识，是我住在石灯庵的时候。在此以前，我访尊公闲谈，去过你家多次，那时你上学去了，总没见着，直到你来石灯庵，我们才会了面。年月过得好快，一晃已是几十年哪！（次溪按：那年初夏，我随先君同到石灯庵去的，时年十二岁。）

我那时的画，学的是八大山人冷逸的一路，不为北京人所喜爱，除了陈师曾以外，懂得我画的人，简直是绝无仅有。我的润格，一个扇面，定价银币两圆，比同时一般画家的价码，便宜一半，尚且很少人来问津，生涯落寞得很。我自题花果画册的诗，有句说："冷逸如雪个，游燕不值钱。"雪个是八大山人的别号，我的画，虽是追步八大山人，自谓颇得神似，但在北京，确是不很值钱的哩。师曾劝我自出新意，变通画法，我听了他话，自创红花墨叶的一派。我画梅花，本是取法宋朝杨补之（无咎），同乡尹和伯在湖南画梅是最有名的，他就是学的杨补之，我也参酌他的笔意。师曾说："工笔画梅，费力不好看。"我又听了他的话，改变画法。同乡易蔚儒（宗夔），是众议院的议员，请我画了一把团扇，给林琴南看见了，大为赞赏，说："南吴北齐，可以媲美。"他把吴昌硕跟我相比，我们的笔路，倒是有些相同的。经易蔚儒介绍，我和林琴南交成了朋友。同时我又认识了徐悲鸿、贺履之、朱悟园等人。我的同乡老友黎松安，因他儿子劭西在教育部任职，也来到北京，和我时常见面。

我跟梅兰芳认识，就在那一年的下半年。记得是在九月初的一天，齐如山来约我同去的。兰芳性情温和，礼貌周到，可以说是恂恂儒雅。那时他住在前门外北芦草园，他的书斋名"缀玉轩"，布置得很讲究，听说外国人也常去访他的。他家里种了不少的花木，有许多是外间不经见的。光是牵牛花就有百来种样式，有的开着碗般大的花朵，真是见所未见，从此我也画上了此花。当天兰芳叫我画草虫给他看，亲自给我磨墨理纸，画完了，他唱了一段《贵妃醉酒》，非常动听。同时在座的，还有两人：一是教他画梅花的汪蔼士，跟我也是熟人；一是福建人李释堪（宣倜），是教他作诗词的，释堪从此也成了我的朋友。有一次，我到一个大官家去应酬，满座都是阔人，他们看我衣服穿得平常，又无熟友周旋，谁都不来理睬。我窘了半天，自悔不该贸然而来，讨此没趣。想不到兰芳来了，对我很恭敬地寒暄了一阵，座客大为惊讶，才有人来和我敷衍，我的面子，总算圆了回来。事后，我很经意地画了一幅《雪中送炭图》，送给兰芳，题了一诗，有句说："而今沦落长安市，幸有梅郎识姓名。"势利场中的炎凉世态，是既可笑又可恨的。

民国十年（辛酉·一九二一），我五十九岁。

夏午诒在保定，来信约我去过端阳节，同游莲花池，是清末莲池书院旧址，内有朱藤，十分茂盛。我对花写照，画了一张长幅，住了三天回京。秋返湘潭，重阳到家，父母双亲都健康，心颇安慰。九月二十五日，得良琨从北京发来电报，说秉灵病重，我同春君立刻动身北行。路过长沙，得良琨信，说秉灵病已轻减，到汉口，又

齐白石与梅兰芳合影

接到信说，病已脱离险境，可以无碍。我才放宽了心，复信给良琨，称赞他办事周密。回到北京，秉灵的病，果然好了。腊月二十日，宝珠生了个男孩，取名良迟，号子长，这是宝珠的头一胎，我的第四个儿子。那年宝珠才二十岁，春君因她年岁尚轻，生了孩子，怕她不善抚育，就接了过来，亲自照料。夜间专心护理，不辞辛劳，孩子饿了，抱到宝珠身边喂乳，喂饱了又领去同睡。冬令夜长，一宵之间，冒着寒威，起身好多次。这样的费尽心力，爱如己出，真是世间少有，不但宝珠知恩，我也感激不尽。

民国十一年（壬戌·一九二二），我六十岁。

春，陈师曾来谈：日本有两位著名画家，荒木十亩和渡边晨亩来信邀他带着作品，参加东京府厅工艺馆的中日联合绘画展览会，他叫我预备几幅画，交他带到日本去展览出售。我在北京，卖画生涯，本不甚好，难得师曾这样热心，有此机会，当然乐于遵从，就画了几幅花卉山水，交他带去。师曾行后，我送春君回到家乡，住了几天，我到长沙，已是四月初夏之时了。初八那天，在同族逊园家里，见到我的次女阿梅，可怜四年不见，她憔悴得不成样子。她自嫁到宾氏，同夫婿不很和睦，逃避打骂，时常住在娘家，有时住在娘家的同族或亲戚处。听说她的夫婿，竟发了疯，拿着刀想杀害她，幸而跑得快，躲在邻居家，才保住了性命。她屡次望我回到家乡来住，我始终没有答允她。此番相见，说不出有许多愁闷，我作了两首诗，有句说："赤绳勿太坚，休误此华年！"我是婉劝她另谋出路，除此别无他法。那时张仲飏已先在省城，尚有旧友胡石庵、黎戬斋等人，杨晳子的胞弟重子，名钧，能写隶书，也在一起。我给他们作画刻印，盘桓了十来天，就回到北京。

陈师曾从日本回来，带去的画，统都卖了出去，而且卖价特别丰厚。我的画，每幅就卖了一百圆银币，山水画更贵，二尺长的纸，卖到二百五十圆银币。这样的善价，在国内是想也不敢想的。还听说法国人在东京，选了师曾和我两人的画，加入巴黎艺术展览会。日本人又想把我们两人的作品和生活状况，拍摄电影，在东京艺术院放映。这都是意想不到的事。我作了一首诗，作为纪念：

曾点胭脂作杏花，百金尺纸众争夸。
平生羞杀传名姓，海国都知老画家。

经过日本展览以后，外国人来北京买我画的很多。琉璃厂的古董鬼，知道我的画，在外国人面前，卖得出大价，就纷纷求我的画，

寄萍堂，45.5cm×176cm，1911年

预备去做投机生意。一般附庸风雅的人，听说我的画能值钱，也都来请我画了。从此以后，我卖画生涯，一天比一天兴盛起来。这都是师曾提拔我的一番厚意，我是永远忘不了他的。

长孙秉灵，肄业北京法政专门学校，成绩常列优等，去年病后，本年五月又得了病，于十一月初一日死了，年十七岁。回想在家乡时，他才十岁左右，我在借山馆前后，移花接木，他拿着刀凿，跟在我身后，很高兴地帮着我，当初种的梨树，他尤出力不少。我悼他的诗，有云："梨花若是多情种，应忆相随种树人。"秉灵的死，使我伤感得很。

民国十二年（癸亥·一九二三），我六十一岁。

从本年起，我开始作日记，取名《三百石印斋纪事》。只因性懒善忘，隔着好几天，才记上一回。因此，日子不能连贯，自己看来，聊胜于无而已。中秋节后，我从三道栅栏迁至太平桥高岔拉一号，在辟才胡同西口迤南，沟沿的东边（次溪按：高岔拉现称高华里，沟沿早已填平，现称赵登禹路）。搬进去后，我把早先湘绮师给我写的"寄萍堂"横额，挂在屋内。附近有条胡同，名叫鬼门关（次溪按：鬼门关现称贵门关），听说明朝时候，那里是刑人的地方。

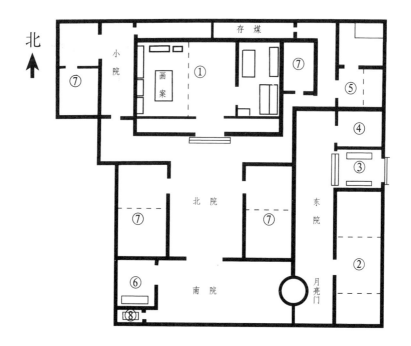

北

存煤

小院

画案

①

⑦

⑤

④

③

北院

东院

⑦

⑦

南院

月亮门

⑥

⑧

跨车胡同旧居平面图
①白石画屋②原客厅兼第二画室③大门道④门房⑤厨房和用人房
⑥储藏室⑦子女用房⑧厕所

我作的寄萍堂诗，有两句："马面牛头都见惯，寄萍堂外鬼门关。"
当我在三道栅栏迁出之先，记得是七月二十四日那天，陈师曾来，
说他要到大连去。不料我搬到高岔拉后不久，得到消息：师曾在大
连接家信，奔继母丧，到南京去，八月初七日得痢疾死了。我失掉
一个知己，心里头感觉得异常空虚，眼泪也就止不住地流了下来。
我作了几首悼他的诗，有句说：

哭君归去太匆忙，朋友寥寥心益伤。

君我有才招世忌，谁知天亦厄君年。

此后苦心谁识得，黄泥岭上数株松。

北京旧有一种风气，附庸风雅的人，常常招集画家若干人，在家小饮，预先备好了纸笔画碟，请求合作画一手卷或一条幅，先动笔的，算是这幅画的领袖，在报纸上发表姓名，照例是写在第一名。师曾逢到这种场面，并不谦逊，往往拿起笔来，首先一挥。有的人对他很不满意，他却旁若无人，依然谈笑风生。自他死后，我怀念他生前的豪情逸致，不可再见，实觉怅惘之至，曾有"樽前夺笔失斯人"的诗句。他对于我的画，指正的地方很不少，我都听从他的话，逐步地改变了。他也很虚心地采纳了我的浅见，并不厌恶我的忠告。我有"君无我不进，我无君则退"的两句诗，可以概见我们两人的交谊。可惜他只活了四十八岁，这是多么痛心的事啊！

那年十一月十一日，宝珠又生了一个男孩，取名良已，号子泷，小名迟迟。这是我第五个儿子，宝珠生的次子。

民国十三年（甲子·一九二四），我六十二岁。十四年（乙丑·一九二五），我六十三岁。

良琨这几年跟我学画，在南纸铺里也挂上了笔单，卖画收入的润资，倒也不少，足可自立谋生。儿媳张紫环能画梅花，倒也很有点笔力。因为高岔拉房子不够宽敞，他在象坊桥租到了几间房，于甲子年八月初，分居到那边，我给了他一百圆的迁居费。到了冬天，他又搬到南闹市口，离我住的高岔拉，并不太远，他和我常相来往。

乙丑年的正月，同乡宾恺南先生从湘潭到北京，我在家里请他吃饭，邀了几位同乡作陪。恺南名玉瓒，是癸卯科的解元，近年来喜欢研究佛学。席间，有位同乡对我说："你的画名，已是传遍国外，日本是你发祥之地，离我们中国又近，你何不去游历一趟，顺便卖画刻印，保管名利双收，饱载而归。"我说："我定居北京，快过九个年头啦！近年在国内卖画所得，足够我过活，不比初到京时的门可罗雀了。我现在饿了，有米可吃，冷了，有煤可烧，人生贵知足，糊上嘴，就得了，何必要那么多钱，反而自受其累呢！"恺南听了，笑着对我说："濒生这几句话，大可以学佛了！"他就跟我谈了许多禅理。他住在西四牌楼广济寺，我去回访，他送了我好几部佛经，劝我学佛。二月底，我生了一场大病，七天七夜，人事不知，等到苏醒回来，满身无力，痛苦万分。足足病了一个来月，才能起坐。当我病亟时，自己忽发痴想："六十三岁的火坑，从此就算过去了吗？"幸而没有死，又活到了现在。那年，梅兰芳正式跟我学画草虫，学了不久，他已画得非常生动。

民国十五年（丙寅・一九二六），我六十四岁。

春初，回湖南探视双亲，到了长沙，听说家乡一带，正有战事，道路阻不得通。耽了几天，无法可想，只得折回，从汉口坐江轮到南京，乘津浦车经天津回到北京，已是二月底了。隔不了十几天，三月十五日，忽接我长子良元来信，说我母亲病重，恐不易治，要我汇款济急。我打算立刻南行，到家去看看，听得湘鄂一带，战火弥漫，比了上月，形势更紧，我不能插翅飞去，心里焦急如焚，不得已于十六日汇了一百圆给良元。我定居北京以来，天天作画刻印，

佛像，
64.5cm×22cm，
1919 年

从未间断，这次因汇款之后，一直没有再接良元来信，心乱如麻，不耐伏案，任何事都停顿下了。到四月十九日，才接良元信，说我母亲于三月初得病，延至二十三日巳时故去，享年八十二岁。弥留时还再三地问："纯芝回来了没有？我不能再等他了！我没有看见纯芝，死了还悬悬于心的啊！"我看了此信，眼睛都要哭瞎了。既是无法奔丧，只可立即设了灵位，在京成服。这样痛心的事，岂是几句话说得尽的。总而言之，我飘流在外，不能回去亲视含殓，简直不成为人子，不孝至极了。

我母亲一生，忧患之日多，欢乐之日少。年轻时，家境困苦，天天为着柴米油盐发愁，里里外外，熬尽辛劳。年将老，我才得成立，画名传播，生活略见宽裕，母亲心里高兴了些，体气渐渐转强。本来她时常闹病，那时倒可以起床，不经医治，病也自然地好了。后因我祖母逝世，接着我六弟纯楚，我长妹和我长孙，先后夭亡，母亲连年哭泣，哭得两眼眶里，都流出了血，从此身体又见衰弱了。七十岁后，家乡兵匪作乱，几乎没有一天过的安静日子。我因有了一口饭吃，地痞流氓逼得我不敢在家乡安居，飘流在北京，不能在旁侍奉，又不能迎养到京，心悬两地，望眼欲穿。今年春初，我到了长沙，离家只有百里，又因道阻，不能到家一见父母，痛心之极。我作了一篇《齐璜母亲周太君身世》一文，也没有说得详尽。

七夕那天，又接良元来信，说我父亲六月初得了寒火症，隔不多久，病渐好转，已经进饭，忽然病又反复，病得非常危险，任何东西都咽不进去。我得信后，心想父亲已是八十八岁了，母亲又已故去，虽有春君照顾着他，我总得回家去看看，才能放心。只因湘鄂两省正是国民革命军和北洋军阀激战的地方，一层一层的战线，无论如何是通不过去的。要想绕道广东，再进湖南，探听得广东方面，大举北伐，沿途兵车拥挤，亦难通行。株守北京，一点办法都没有，心里头同油煎似的，干巴巴地着急。八月初三日夜间，良元又寄来快信，我猜想消息不一定是好的，眼泪就止不住地直淌下来。匆忙拆信细看。我的父亲已于七月初五日申时逝世。当时脑袋一阵发晕。耳朵嗡嗡地直响，几乎晕了过去。也就在京布置灵堂，成服守制。在这一年之内，连遭父母两次大故，孤儿哀子的滋味，真觉得活着也无甚兴趣。我亲到樊樊山那里，求他给我父母，各写墓碑一纸，又各作像赞一篇，按照他的卖文润格，送了他一百二十多圆的笔资。我这为子的，对于父母，只尽了这么一点心力，还能算得是个人吗？想起来，心头非但惨痛，而且也惭愧得很哪！

那年冬天，我在跨车胡同十五号，买了一所住房，离高岔拉很近，相差不到一百来步，就在年底，搬了进去。

民国十六年（丁卯·一九二七），我六十五岁。

北京有所专教作画和雕塑的学堂，是国立的，名称是艺术专门学校，校长林风眠，请我去教中国画。我自问是个乡巴佬出身，到洋学堂去当教习，一定不容易搞好的。起初，我竭力推辞，不敢答允，林校长和许多朋友，再三劝驾，无可奈何，只好答允去了，心里总多少有些别扭。想不到校长和同事们，都很看得起我，有一个法国籍的教师，名叫克利多，还对我说过：他到了东方以后，接触过的画家，不计其数，无论中国、日本、印度、南洋，画得使他满意的，

齐白石寄张次溪信的实寄封，左下是齐老人
地址的红字印章

我是头一个。他把我恭维得了不得，我真是受宠若惊了。学生们也都佩服我，逢到我上课，都是很专心地听我讲，看我画，一点没有洋学堂的学生动不动就闹脾气的怪事，我也就很高兴地教下去了。

民国十七年（戊辰·一九二八），我六十六岁。

北京官僚，暮气沉沉，比着前清末年，更是变本加厉。每天午后才能起床，匆匆到署坐一会儿，谓之上衙门，没有多大工夫，就纷纷散了。晚间，酒食征逐之外，继以嫖赌，不到天明不归，最早亦须过了午夜，方能兴尽。我看他们白天不办正事，竟睡懒觉，画了两幅鸡，题有诗句："天下鸡声君听否？长鸣过午快黄昏。""佳禽最好三缄口，啼醒诸君日又西。"像这样的腐败习气，岂能有持久不败的道理？所以那年初夏，北洋军阀，整个儿垮了台，这般懒虫似的旧官僚，也就跟着树倒猴儿散了。广东搞出来的北伐军事，大获胜利，统一了中国，国民革命军到了北京，因为国都定在南京，把北京称作北平。艺术专科学校改称艺术学院，我的名义，也改称为教授。木匠当上了大学教授，跟十九年以前，铁匠张仲飏当上了湖南高等学堂的教务长，总算都是我们手艺人出身的一种佳话了。

九月初一日，宝珠生了个女孩，取名良欢，乳名小乖。我长子良元，从家乡来到北京，探问我起居，并报告了许多家乡消息，我五弟纯隽，在这次匪乱中死去，年五十岁，听了很觉凄然。我作了幅画，纪念我五弟，题了一首诗，开首两句说："惊闻故乡惨，客里倍伤神。"作客在外，又是老年暮景，怀乡之念，当然是很深的。听到家乡乱事，而况骨肉凋零，更不会不加倍伤神的了。

我的《借山吟馆诗草》，是那年秋天印行的。

民国十八年（己巳·一九二九），我六十七岁。十九年（庚午·一九三〇），我六十八岁。二十年（辛未·一九三一），我六十九岁。

在我六十八岁时，二弟纯松在家乡死了，他比我小四岁，享年六十四岁。老年弟兄，又去了一个。同胞弟兄六人，现存三弟纯藻、四弟纯培两人，连我仅剩半数了，伤哉！辛未正月二十六日，樊樊山逝世于北平，我又少了一位谈诗的知己，悲悼之怀，也是难以形容。三月十一日，宝珠又生了个女孩，取名良止，乳名小小乖。她的姊姊良欢，原来乳名小乖，添了良止，就叫作大小乖了。

那年九月十八日，是阴历八月初七日，日本军阀偷袭沈阳，大规模地发动侵略，我在第二天的早晨，看了报载，气愤万分。心想：东北军的领袖张学良，现驻北平，一定会率领他的部队，打回关外，收复失土的。谁知他并不抵抗。后来报纸登载的东北消息，一天坏似一天，亡国之祸，迫在眉睫。人家都说华北处在国防最前线，平津一带，岌岌可危，很多人劝我避地南行。但是大好河山，万方一概，究竟哪里是乐土呢？我这个七十老翁，草间偷活，还有什么办法可想！只好得过且过，苟延残喘了。重阳那天，黎松安来，邀我去登高。我们在此时候，本没有这种闲情逸兴，却因古人登高，原是为了避灾，我们盼望国难早日解除，倒也可以牵缀上登高的意义。那时宣武门拆除瓮城，我们登上了宣武门城楼，东望炊烟四起，好像遍地是烽火，两人都有说不出的感慨。游览了一会，算是应了重阳登高的节景。我作了两首诗，有句说："莫愁天倒无撑着，犹峙西山在眼前。"因为有许多人，妄想倚赖国联调查团的力量，抑制日本军阀的侵略，我知道这是与虎谋皮，怎么能靠得住呢，所以作了这两句诗，去讽刺他们的。

那年，我长子良元，得了孙子，是他次子次生所生的孩子，取名耕夫，那是我的曾孙，我的家庭，已是四代同堂的了。

我自担任艺术学院教授，除了艺院学生之外，以个人名义拜我为师的也很不少。门人瑞光和尚从阜成门外衍法寺住持，调进城内，在广安门内烂缦胡同莲花寺当住持，已有数年，常到我处闲谈。他画的山水，学大涤子很得神髓，在我门弟子中，确是一个杰出人才，人都说他是我的高足，我也认他是我最得意的门人。有一年重阳，北平的许多名流，在德胜门内积水潭汇通祠登高雅集，瑞光也被邀参加，当场画了一幅《寒碧登高图》，诸名流都有题咏，他的画名，就远近都知了。我的学生邱石冥，任京华美术专门学校校长，请我去兼课，我已兼任了不少日子。曾向石冥推荐瑞光去任教，石冥深知瑞光的人品和他的画格，表示十分欢迎。京华美专原是一所私立学校，权力操在校董会手里，有一个姓周的校董，是个官僚，不知跟瑞光为了什么原因，竭力地反对，石冥不能作主，只得作罢。为了这件事，我心里很不高兴，本想我也辞职不干，石冥苦苦挽留，不便扫他的面子，就仍勉强地兼课下去。同时，尚有两人拜我为师：一是赵羡渔，名铭箴，山西太谷人，是个诗家，书底子深得很；一是方问溪，名俊章，安徽合肥人，他的祖父方星樵，名秉忠，和我是朋友，是个很著名的昆曲家。问溪家学渊源，也是个戏曲家兼音

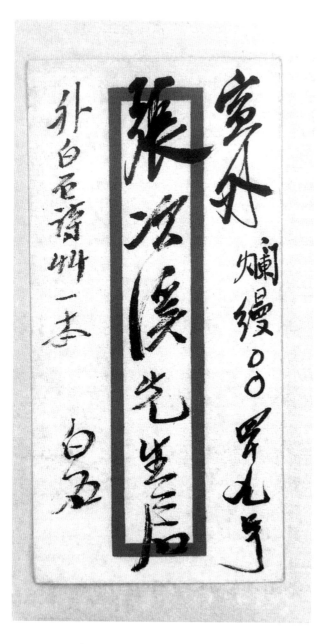

　　齐白石寄张次溪信的实寄封，随信同时寄了刚出版的《白石诗草》

乐家，年纪不过二十来岁。他的姑丈是京剧名伶杨隆寿之子长喜，梅兰芳的母亲，是杨长喜的胞妹，问溪和兰芳是同辈的姻亲，可算得是梨园世家。（次溪按：问溪死得很早，大概不到十年，就故去了。）

　　你（次溪按：老人说的"你"，指的是我）家的张园，在左安门内新西里三号，原是明朝袁督师崇焕的故居，有听雨楼古迹。尊公篁溪学长在世时，屡次约我去玩，我很喜欢那个地方，虽在城市，大有山林的意趣。西望天坛的森森古柏，一片苍翠欲滴，好像近在咫尺。天气晴和的时候，还能看到翠微山峰，高耸云际。远山近林，简直是天开画屏，百观不厌。有时雨过天晴，落照残虹，映得天半朱霞，绚烂成绮。这样的景色，不是空旷幽静的地方，是不能见到的。附近小溪环绕，点缀着几个池塘，绿水涟漪，游鱼可数。溪上阡陌纵横，稻粱蔬果之外，豆棚瓜架，触目皆是。叱犊呼耕，戽水耘田，俨然江南水乡风景，北地实所少见，何况在这万人如海的大都市里呢？我到了夏天，常去避暑。记得辛未那年，你同尊公特把后跨院西屋三间，让给我住，又划了几丈空地，让我莳花种菜，我写了一张《借山居》横额，挂在屋内。我在那里绘画消夏，得气之清，大可以洗涤身心，神思自然就健旺了。那时令弟仲葛、仲麦，还不到二十岁，暑期放假，常常陪伴着我，活泼可喜。我看他们扑蝴蝶，捉蜻蜓，扑捉到了，都给我做了绘画的标本。清晨和傍晚，又同他们观察草丛里虫豸跳跃，池塘里鱼虾游动，种种姿态，也都成我笔下的资料。我当时画了十多幅草虫鱼虾，都是在那里实地取材的。还画过一幅《多虾图》，挂在借山居的墙壁上面，这是我生平画虾最得意的一幅。（次溪按：袁督师故宅，清末废为民居，墙垣欹侧，屋宇毁败，萧条之景，不堪寓目。民国初元，先君出资购置，修治整理，添种许多花木，附近的人，称之为张园。先君逝世后，时局多故，庭园又渐见荒芜。一九五八年，我为保存古迹起见，征得舍弟同意，把这房地捐献给政府，今归龙潭公园管理。）

袁督师故居内，有他一幅遗像，画得很好，我曾临摹了一幅。离故居的北面不远，有袁督师庙，听说也是尊公出资修建的，庙址相传是督师当年驻兵之所。东面是池塘，池边有篁溪钓台，是尊公守庙时游息的地方，我和尊公在那里钓过鱼。庙的邻近，原有一座法塔寺，寺已废圮，塔尚存在。再北为太阳宫，内祀太阳星君，据说三月十九日为太阳生日，早先到了那天，用糕祭他，名为太阳糕。我所知道的：三月十九是明朝崇祯皇帝殉国的日子，明朝的遗老，在清朝初年，身处异族统治之下，怀念故国旧君，不敢明言，只好托名太阳，太阳是暗切明朝的"明"字意思。相沿了二百多年，到民初才罢祀，最近连太阳糕也很少有人知道的了。太阳宫的东北，是袁督师墓，每年春秋两祭，广东同乡照例去扫墓，尊公每届必到，也曾邀我去参拜过的。我在张园住的时候，不但袁督师的遗迹，都已瞻仰过了，就连附近万柳堂、夕照寺、卧佛寺等许多名胜，也都游览无遗。万柳堂在清初是著名的，现在柳树已无一存，它邻近的拈花寺，地方倒很清静。夕照寺地址很小，内有陈松画的松树，在庙里的右壁上面，画得苍老挺拔，确是一幅名画。卧佛寺在袁督师墓的西边，相距很近，听说作《红楼梦》的曹雪芹，晚年家道中落，曾在那里住过一时，我根据你作的《过雪芹故居》的诗句"红楼梦断寺门寒"，画了一幅《红楼梦断图》。（次溪按：这幅图，我后来不慎遗失了。）我连日游览，贤父子招待殷勤，我是很感谢的。我在《张园春色图》和后来画的《葛园耕隐图》上题的诗句，都是我由衷之言，不是说着空话，随便恭维的。我还把照相留在张园借山居墙上，《示后裔》的诗说："后裔倘贤寻旧迹，张园留像葬西山。"这首诗，也可算作我的预嘱哪！（次溪按：《张园春色图》和《多虾图》，今存中央历史博物馆，《葛园耕隐图》今存广东省博物馆。）

民国二十一年（壬申·一九三二），我七十岁。

正月初五日，惊悉我的得意门人瑞光和尚死了，他是光绪四年戊寅正月初八日生的，享年五十五岁。他的画，一生专摹大涤子，拜我为师后，常来和我谈画，自称学我的笔法，才能画出大涤子的精意。我题他的画，有句说："画水勾山用意同，老僧自道学萍翁。"

我对于大涤子，本也生平最所钦服的，曾有诗说：

下笔谁教泣鬼神，二千馀载只斯僧。
焚香愿下师生拜，昨夜挥毫梦见君。

我们两人的见解，原是并不相背的。他死了，我觉得可惜得很，到莲花寺里去哭了他一场，回来仍是郁郁不乐。我想，人是早晚要死的，我已是七十岁的人了，还有多少日子可活！这几年，卖画教书，刻印写字，进款却也不少，风烛残年，很可以不必再为衣食劳累了，就自己画了一幅《息肩图》，题诗说：

眼看朋侪归去拳，那曾把去一文钱。
先生自笑年七十，挑尽铜山应息肩。

可是画了此图，始终没曾息肩，我劳累了一生，靠着双手，糊上了嘴，看来，我是要劳累到死的啦！

自辽沈沦陷后，锦州又告失守，战火迫近了榆关、平津一带，人心浮动，富有之家，纷纷南迁。北平市上，敌方人员，往来不绝，他们慕我的名，时常登门来访，有的送我些礼物，有的约我去吃饭，还有请我去照相，目的是想白使唤我，替他们拼命去画，好让他们带回国去赚钱发财。我不胜其烦，明知他们诡计多端，内中是有肮脏作用的。况且我虽是一个毫无能力的人，多少总还有一点爱国心，假使愿意去听从他们的使唤，那我简直对不起我这七十岁的年纪了。因此在无办法中想出一个办法：把大门紧紧地关上，门里头加上一把大锁，有人来叫门，我先在门缝中看清是谁，能见的开门请进，不愿见的，命我的女仆，回说"主人不在家"，不去开门，他们也就无法进来，只好扫兴地走了。这是不拒而拒的妙法，在他们没有见着我之时，先给他们一个闭门羹，否则，他们见着了我，当面不便下逐客令，那就脱不掉许多麻烦了。冬，因谣言甚炽，门人纪友梅有东交民巷租的房子，邀我去住，我住了几天，听得局势略见缓和，才又回了家。

我早年跟胡沁园师学的是工笔画，从西安归来，因工笔画不能畅机，改画大写意。所画的东西，以日常能见到的为多，不常见的，我觉得虚无缥缈，画得虽好，总是不切实际。我题画葫芦诗说："几欲变更终缩手，舍真作怪此生难。"不画常见的而去画不常见的，那就是舍真作怪了。我画实物，并不一味地刻意求似，能在不求似中得似，方得显出神韵。我有句说："写生我懒求形似，不厌声名

莲池书院图，65cm×48cm，1933 年

到老低。"所以我的画，不为俗人所喜，我亦不愿强合人意，有诗说："我亦人间双妙手，搔人痒处最为难。"我向来反对宗派拘束，曾云："逢人耻听说荆关，宗派夸能却汗颜。"也反对死临死摹，又曾说过："山外楼台云外峰，匠家千古此雷同。""一笑前朝诸巨手，平铺细抹死工夫。"因之，我就常说："胸中山水奇天下，删去临摹手一双。"赞同我这见解的人，陈师曾是头一个，其馀就算瑞光和尚和徐悲鸿了。我画山水，布局立意，总是反复构思，不愿落入前人窠臼。五十岁后，懒于多费神思，曾在润格中订明不再为人画山水，在这二十年中，画了不过寥寥几幅。本年因你给我编印诗稿，代求名家题词，我答允各作一图为报，破例画了几幅，如给吴北江（阖生）画的《莲池书院图》，给杨云史（圻）画的《江山万里楼图》，给赵幼梅（元礼）画的《明灯夜雨楼图》，给宗子威（威）画的《辽东吟馆谈诗图》，给李释堪（宣倜）画的《握兰簃填词图》，这几幅图，我自信都是别出心裁经意之作。

民国二十二年（癸酉·一九三三），我七十一岁。

你给我编的《白石诗草》八卷，元宵节印成，这件事，你很替我费了些心，我很感谢你的。我在戊辰年印出的《借山吟馆诗草》，是用石版影印我的手稿，从光绪壬寅到民国甲寅十二年间所作，收诗很少。这次的《白石诗草》，是壬寅以前和甲寅以后作的，曾经樊樊山选定，又经王仲言重选，收的诗比较多。我题词说："诽誉百年谁晓得，黄泥堆上草萧萧。"我的诗，写我心里头想说的话，本不求工，更无意学唐学宋，骂我的人固然很多，夸我的人却也不少。从来毁誉是非，并时难下定论，等到百年以后，评好评坏，也许有个公道，可是我在黄土垅中，已听不见、看不着的了。谈到文字知己，倒也常常遇着，就说住在苏州的吴江金松岑（天翮）吧，经你介绍，我开始和他通讯。最近你受人之托，求他作传，他回信拒绝，并说：像齐白石这样的人，才不辱没他的文字。他这样地看重我，我读了他给你的信，真是感激之馀，喜极欲涕。我把一生经历，说给你听，请你笔录下来，寄给他替我作传记的资料。

我的刻印，最早是走的丁龙泓、黄小松一路，继得《二金蝶堂印谱》，乃专攻赵扬叔的笔意。后见天发神谶碑，刀法一变，又见三公山碑，篆法也为之一变。最后喜秦权，纵横平直，一任自然，又一大变。光绪三十年（甲辰）以前，摹丁、黄时所刻之印，曾经拓存，湘绮师给我作过一篇序。民国六年（丁巳），家乡兵乱，把印拓全部失落，湘绮师的序文原稿，藏在墙壁内，幸得保存。十七年（戊辰），我把丁巳后在北京所刻的，拓存四册，仍用湘绮师序文，刊在卷前，这是我定居北京后第一次拓存的印谱。本年我把丁巳以后所刻三千多方印中，选出二百三十四印，用朱砂泥亲自重行拓存。内有因求刻的人促迫取去，只拓得一二页，制成锌版充数的。此次统都剔出，另选我最近所刻自用的印加入，凑足原数，仍用湘绮师原序列于卷首，这是我在北京第二次所拓的印谱。又因戊辰年第一次印谱出书后，外国人购去印拓二百方，按此二百方，我已无权再行复制，只得把庚午、辛未两年所刻的拓本，装成六册，去年今年刻得较少，拓本装成四册，合计十册，这是我第三次拓的印谱。

三月，见报载，日军攻占热河，平津一带深受威胁，人心很感恐慌。五月，《塘沽协定》成立，华北主权，丧失殆尽。春夏间，北平谣诼繁兴，我承门人纪友梅的关切，邀我到他的东交民巷寓所去避居，我在他那里，住了二十来天，听说风声松了一点，承尊公厚意见招，又到你家张园小住。前年我画的那幅《多虾图》，仍在借山居的墙上挂着，我补题了几句：

> 星塘，予之生长处也。春水涨时，多大虾，予少小时，以棉花为饵，戏钓之。今越六十馀年，故予喜画虾，未除儿时嬉弄气耳。今次溪仁弟于燕京江擦门内买一园，名曰张园，园西有房数间，分借与予，为借山居。予画此，倩吾贤置之借山居之素壁。

八月十三日你的佳期，是我同吴北江两人证婚。你的夫人徐肇琼，画蝴蝶很有点功力，你怂恿她拜在我门下，"人之患好为人师"，既然贤伉俪出于一片至诚，我也就受之不辞了。

冬十二月二十三日，是我祖母马孺人一百二十岁冥诞之期。我祖母于光绪二十七年辛丑十二月十九日逝世，至今已过了三十二个周年了。她生前，我没有多大力量好好地侍奉，至今觉得遗憾得很。现在逢到她的冥诞，又是百二十岁的大典，理应竭我绵薄，稍尽寸心。那天在家，延僧诵经，敬谨设祭。到了夜晚，焚化冥镪时，我另写了一张文启，附在冥镪上面，一起焚掉。文启说：

> 祖母齐母马太君，今一百二十岁，冥中受用，外神不得强得。今长孙年七十一矣，避匪难，居燕京，有家不能归，将至死不能扫祖母之墓，伤心哉！

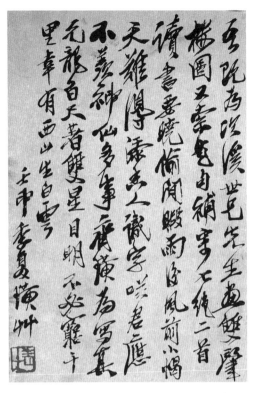

行书信札，1932年

想起千里游子，远别故乡庐墓，望眼天涯，黯然魂销。况我垂暮之年，来日苦短，旅怀如织，更是梦魂难安。

民国二十三年（甲戌·一九三四），我七十二岁。

我在光绪二十年（甲午）三十二岁时，所刻的印章，都是自己的姓名，用在诗画方面的而已。刻得虽不多，收藏的印石，却有三百来方，我遂自名为"三百石印斋"。至民国十一年（壬戌）我六十岁时，自刻自用的印章多了，其中十分之二三，都是名贵的佳石。可惜这些印石，留在家乡，在丁卯、戊辰两年兵乱中，完全给兵匪抢走，这是我生平莫大的恨事。民国十六年（丁卯）以后，我没曾回到家乡去过，在北平陆续收购的印石，又积满了三百方，三百石印斋倒也仍是名副其实，只是石质却没有先前在家乡失掉的好了。上年罗祥止来，向我请教刻印的技法，求我当场奏刀。我把所藏的印石，一边刻给他看，一边讲给他听。祥止说：听我的话，如闻霹雳，看我挥刀，好像呼呼有风声，佩服得了不得，非要拜我为师不可，我就只好答允，收他为门人了。本年又有一个四川籍的友人，也像祥止那样，屡次求我刻给他看，我把指示祥止的技法，照样地指示他。因此，从去年至今，不满一年的时间，把所藏的印石，全数刻完，所刻的印章，连以前所刻，又超过了三百之数，就再拓存下来，留示我子孙。

我刻印，同写字一样。写字，下笔不重描，刻印，一刀下去，决不回刀。我的刻法，纵横各一刀，只有两个方向，不同一般人所刻的，去一刀，回一刀，纵横来回各一刀，要有四个方向。篆法高雅不高雅，刀法健全不健全，懂得刻印的人，自能看得明白。我刻时，随着字的笔势，顺刻下去，并不需要先在石上描好字形，才去下刀。我的刻印，比较有劲，等于写字有笔力，就在这一点。而且写字可以对客挥毫，我刻印也可以对客奏刀。常见他人刻石，来回盘旋，费了很多时间，就算学得这一家那一家的，但只学到了形似，把神韵都弄没了，貌合神离，仅能欺骗外行而已。他们这种刀法，只能说是蚀削，何尝是刻印。我实说，真正懂得是刻的，能有多少人？不过刻与削，绝不相同，明眼人也可一望而知，正如鱼目不可混珠，是一样的道理。我常说：世间事，贵痛快，何况篆刻是风雅事，岂

山水十二条屏之绿天野屋，
138cm×62cm，1932 年

山水十二条屏之清风万里，
138cm×62cm，1932 年

是拖泥带水，做得好的呢？

本年四月二十一日，宝珠又生了个男孩，取名良年，号寿翁，乳名小翁子，这是我的第六子，宝珠生的第三子。

民国二十四年（乙亥·一九三五），我七十三岁。

本年起，我衰败之像迭出，右半身从臂膀到腿部，时时觉得酸痛，尤其可怕的，是一阵阵的头晕，请大夫诊治了几次，略略似乎好些。阳历四月一日，即阴历二月二十八日，携同宝珠南行。三日午刻到家，我的孙辈、外孙辈和外甥等，有的已二十往外的人了，见着我面，都不认识。我离家快二十年了，住的房子，没有损坏，还添盖了几间，种的果木花卉，也还照旧，山上的树林，益发的茂盛。我长子良元，时年四十七岁，三子良琨，时年三十四岁，兄弟俩带头，率领着一家子大大小小，把家整理得有条有理，这都是我的好子孙呐！只有我妻陈春君，瘦得可怜，她今年已七十四岁啦。我在茹家冲家里，住了三天，就同宝珠动身北上。我别家时，不忍和春君相见。还有几个相好的亲友，在家坐待相送，我也不使他们知道，悄悄地离家走了。十四日回到了北平。这一次回家，祭扫了先人的坟墓，我日记上写道："乌鸟私情，未供一饱，哀哀父母，欲养不存。"我自己刻了一颗"悔乌堂"的印章，怀乡追远之念，真是与日俱增的啊！

我因连年时局不靖，防备宵小觊觎，对于门户特别加以小心。我的跨车胡同住宅，东面临街，我住在里院北屋，廊子前面，置有铁制的栅栏，晚上拉开，加上了锁，比较严密得多了。阴历六月初四日上午寅刻，我听得犬吠之声，聒耳可厌，亲自起床驱逐。走得匆忙了些，脚骨误触铁栅栏的斜撑，一跤栽了下去，整个身体都落了地，声音很大，我觉着痛得难忍。宝珠母子，听见我呼痛之声，急忙出来，抬我上床，请来正骨大夫，仔细诊治，推拿敷药，疼痛稍减。但是腿骨的筋，已长出一寸有零，腿骨脱了骱，公母骨错开了不相交，几乎成了残疾。我跌倒的地方，原有铁凳一只，幸而在前几天，给宝珠搬到别处去了，否则这一跤栽了下去，不知重伤到什么程度，说不定还有生命危险。我病中，起初躺在床上，动弹不得，慢慢地可以活动些了，但穿衣着鞋，仍得有人扶持，宝珠殷勤照料，日夜不懈，真是难得。我养了一百多天，才渐渐地好了。

民国二十五年（丙子·一九三六），我七十四岁。

阴历三月初七日，清明节的前七天，尊公邀我到张园，参拜袁督师崇焕遗像。那天到的人很多，记得有陈散原、杨云史、吴北江诸位。吃饭的时候，我谈起："我想在西郊香山附近觅一块地，预备个生圹。前几年，托我同乡汪颂年（诒书），写过'处士齐白石之墓'七个大字的碑记。墓碑有了，墓地尚无着落。拟恳诸位大作家，俯赐题词，留待他日，俾光泉壤。"当时诸位都允承了，没隔几天，诗词都寄了来，这件事，也得感谢你贤父子的。

四川有个姓王的军人，托他住在北平的同乡常来请我刻印，因此和他通过几回信，成了千里神交。春初，寄来快信，说：蜀中风景秀丽，物产丰富，不可不去玩玩。接着又来电报，欢迎我去。宝珠原是出生在四川的，很想回娘家去看看，遂于阳历四月二十七日，即阴历闰三月初七日，同宝珠带着良止、良年两个孩子，离平南下。二十九夜，从汉口搭乘太古公司万通轮船，开往川江。五月一日黄昏，过沙市。沙市形势，很有些像湘潭，沿江有山嘴拦挡，水从江中流出，江岸成弯形，便于泊船。四日末刻，过万县，泊武陵。我心病发作，在船内很不舒适，到夜半病才好了。五日酉刻，抵嘉州。宝珠的娘家，在转斗桥胡家冲，原是酆都县属，但从嘉州登岸，反较近便。我们到了宝珠的娘家，住了三天，我陪她祭扫她母亲的坟墓，算是了却一桩心愿。我有诗说：

> 为君骨肉暂收帆，三月乡村问社坛。
>
> 难得老夫情意合，携樽同上草堆寒。

十一日到重庆。十五日宿内江。十六日到成都，住南门文庙后街。认识了方鹤叟旭。那时，金松岑、陈石遗都在成都，本是神交多年，此次见面，倍加亲热。松岑面许给我撰作传记，叫我回平后跟你商量，继续笔录我一生经历，寄给他做参考。（**次溪按：金松岑丈是年有信寄给我，也曾谈及此事。**）我在国立艺院和私立京华美专教过的学生，在成都的，都来招待我，有的请我吃饭，有的陪我去玩。安徽人开的胡开文笔墨庄，有一个跑外伙友，名叫陈怀卿，跟着我的学生，也称我作老师。七月二十七日，我牙痛甚剧。我当口的两牙，左边的一个，早已自落，右边的一个，摇摇欲坠，亦已三年。因为想起幼龄初长牙时，我祖父祖母和我父亲母亲，喜欢得了不得，说："阿芝长牙了！"我小的时候，母亲常常说起这句话，我至今还没忘掉。当初他们这样地喜见其生，我老来怎忍轻易地把它拔去呢？所以我忍着疼痛，一直至今。此次这只作痛的病牙，横斜活动，进食很不方便，不吃东西时，亦痛得难忍，迫不得已，只可拔落，感念幼年，不禁流泪。

川中山水之佳，较桂林更胜一筹，我游过了青城、峨嵋等山，就辞别诸友，预备东返。门生们都来相送。我记得俗谚有"老不入川"这句话，预料此番出川，终我之生，未必会再来的了。我留别门生的诗，有句云"蜀道九千年八十，知君不劝再来游"，就是这个意思。八月二十五日离成都，经重庆、万县、宜昌，三十一日到汉口。住在朋友家，因腹泻耽了几天。九月四日，乘平汉车北行，五日到北平，回家。有人问我："你这次川游，既没有作多少诗，也没有作什么画，是不是心里有了不快之事，所以兴趣毫无了呢？"我告诉他说："并非如此！我们去时是四个人，回来也是四个人，心里有什么不快呢？不过四川的天气，时常浓雾蔽天，看山是扫兴的。"我背了一首《过巫峡》的诗给他听：

> 怒涛相击作春雷，江雾连天扫不开。
> 欲乞赤乌收拾尽，老夫原为看山来。

俗谚说："天无三日晴，地无三里平。"四川的天时地理，确有这样的情形。

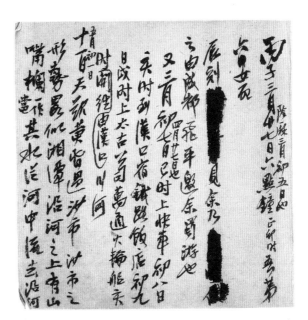

蜀游日记，21cm×23cm，1936 年

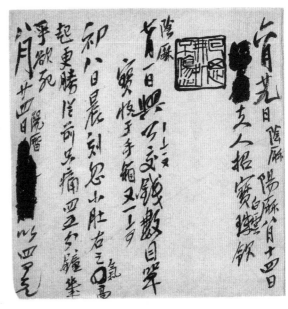

蜀游日记，21cm×23cm，1936 年

八、避世时期（1937—1948）

民国二十六年（丁丑·一九三七），我七十七岁。

早先我在长沙，舒贻上之鎏给我算八字，说："在丁丑年，脱丙运，交辰运。辰运是丁丑年三月十二日交，壬午三月十二日脱。丁丑年下半年即算辰运，辰与八字中之戌相冲，冲开富贵宝藏，小康自有可期，唯丑辰戌相刑，美中不足。"又说："交运时，可先念佛三遍，然后默念辰与酉合若干遍，在立夏以前，随时均宜念之。"又说："十二日戌时，是交辰运之时，属龙属狗之小孩宜暂避，属牛羊者亦不可近。本人可佩一金器，如金戒指之类。"念佛、戴金器，避见属龙属狗属牛羊的人，我听了他话，都照办了。我还在他批的命书封面，写了九个大字："十二日戌刻交运大吉。"又在里页，写了几行字道："宜用瞒天过海法。今年七十五，可口称七十七，作为逃过七十五一关矣。"从丁丑年起，我就加了两岁，本年就算七十七岁了。

二月二十七日，即阴历正月十七日，宝珠又生了一个女孩。取名良尾，生了没有几天，就得病死了。这个孩子，生得倒还秀丽，看样子不是笨的，可惜是昙花一现，像泡沫似的一会儿就幻灭了。七月七日，即阴历五月二十九日，那天正交小暑节，天气已是热得很。后半夜，日本军阀在北平广安门外卢沟桥地方，发动了大规模的战事。卢沟桥在当时，是宛平县的县城，城虽很小，却是一个用兵要地，俨然是北平的屏障，失掉了它，北平就无险可守了。第二天，是阴历六月初一日，早晨见报，方知日军蓄意挑衅，事态有扩大可能。果然听到西边"嘭、嘭、嘭"的好几回巨大的声音，乃是日军轰炸了西苑。接着南苑又炸了，情势十分紧张。过了两天，忽然传来讲和的消息。但是，有一夜，广安门那边，又有"啪、啪、啪"的机枪声，闹了大半宿。如此停停打打，打打停停，闹了好多天。到了七月二十八日，即阴历六月二十一日，北平天津相继都沦陷了。前几天所说的讲和，原来是日军调兵遣将、准备大举进攻的一种诡计。我们的军队，终于放弃了平津，转向内地而去。这从来没曾遭遇过的事情，一旦身临其境，使我胆战心惊，坐立不宁。怕的是：沦陷之后，不知要经受怎样的折磨，国土也不知哪天才能光复，那时所受的刺激，简直是无法形容。我下定决心，从此闭门家居，不与外界接触，艺术学院和京华美术专科学校两处的教课，都辞去不干了。

亡友陈师曾的尊人散原先生于九月间逝世，我作了一副挽联送了去。联道：

　　为大臣嗣，画家爷，一辈作诗人，消受清闲原有命；
　　由南浦来，西山去，九天入仙境，乍经离乱岂无愁。

下联的末句，我有说不尽的苦处，含蓄在内。我因感念师曾生前对我的交谊，亲自到他尊人的灵前行了个礼，这是我在沦陷后第一次出大门。

民国二十七年（戊寅·一九三八），我七十八岁。

瞿兑之来请我画《超览楼禊集图》，我记起这件事来了！前清宣统三年三月初十日，是清明后两天，我在长沙，王湘绮师约我到瞿子玖家超览楼看樱花、海棠，命我画图，我答允了没有践诺。兑

平生未到桃源地　意想清
溪流水无尽　窃恐居人一种惊
挥毫不画打鱼船　戊寅
时居燕京城西白石齐璜

桃花源，101.5cm×48cm，1938 年

如此千里，69cm×34cm，1940 年

之是子玠的小儿子，会画几笔梅花，曾拜尹和伯为师，画笔倒也不俗。他请我补画当年的褉集图，我就画了给他，了却一桩心愿。

六月二十三日，即阴历五月二十六日，宝珠生了个男孩，这是我的第七子，宝珠生的第四子。我在日记上写道："二十六日寅时，钟表乃三点二十一分也。生一子，名曰良末，字纪牛，号耋根。此子之八字：戊寅，戊午，丙戌，庚寅，为炎上格，若生于前清时，宰相命也。"我在他的命册上批道："字以纪牛者，牛，丑也，记丁丑年怀胎也。号以耋根者，八十为耋，吾年八十，尚留此根苗也。"十二月十四日，孙秉声生，是良迟的长子。良迟是我的第四子，宝珠所生的第一子。今年十八岁，娶的是献县纪文达公后裔纪彭年的次女。宝珠今年三十七岁，已经有了孙子啦，我们家，人丁可算兴旺呐！美中不足的是：秉声生时，我的第六子良年，乳名叫作小翁子的，病得很重，隔不到十天，十二月二十三日死了，年才五岁。这孩子很有点夙根，当他三岁时，知识渐开，已能懂得人事，见到爱吃的东西，从不争多论少，也不争先恐后，父母唤他才来，分得的还要留点给父母。我常说："孔融让梨，不能专美于前，我家的小翁子，将来一定是有出息的。"不料我有厚望的孩子，偏偏不能长寿，真叫我伤心！又因国难步步加深，不但上海、南京，早已陷落，听说我们家乡湖南，也已沦入敌手，在此兵荒马乱的年月，心绪恶劣万分，我的日记《三百石印斋纪事》，无意再记下去，就此停笔了。

民国二十八年（己卯·一九三九），我七十九岁。二十九年（庚辰·一九四〇），我八十岁。

自丁丑年北平沦陷后，这三年间，我深居简出，很少与人往还，但是登我门求见的人，非常之多。敌伪的大小头子，也有不少来找我的，请我吃饭，送我东西，跟我拉交情，图接近，甚至要求我跟他们一起照相，或是叫我去参加什么盛典，我总是婉辞拒绝，不出大门一步。他们的任何圈套，都是枉费心机。我怕他们纠缠不休，懒得跟他们多说废话，干脆在大门上贴一张纸条，写了十二个大字：

白石老人心病复作，停止见客。

我原来是确实有点心脏病的，并不严重，就借此为名，避免与他们接近。"心病"两字，另有含义，我自谓用得很是恰当。只因物价上涨，开支增加，不靠卖画刻印，无法维持生活，不得不在纸条上，补写了几句：

若关作画刻印，请由南纸店接办。

那时，囤积倒把的奸商非常之多，他们发了财，都想弄点字画，挂在家里，装装门面，我的生意，简直是忙不过来。二十八年己卯年底，想趁过年的时候，多休息几天，我又贴出声明：

二十八年十二月初一起，先来之凭单退，后来之凭单不接。

过了年，二十九年庚辰正月，我为了生计，只得仍操旧业，不过在大门上，加贴了一张"画不卖与官家，窃恐不祥"的告白，说：

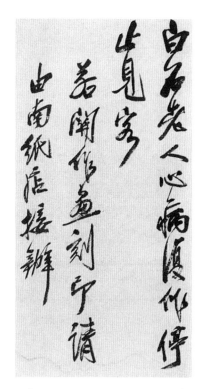

门条，67.2cm×35.1cm，1939 年

中外官长，要买白石之画者，用代表人可矣，不必亲驾到门。从来官不入民家，官入民家，主人不利。谨此告知，恕不接见。

这里头所说的"官入民家，主人不利"的话，是有双关意义的。我还声明：

绝止减画价，绝止吃饭馆，绝止照像。

在"绝止减画价"的下面，加了小注："吾年八十矣，尺纸六圆，每圆加二角。"

另又声明：

卖画不论交情，君子有耻，请照润格出钱。

我是想用这种方法，拒绝他们来麻烦的。还有给敌人当翻译的，常来讹诈，有的要画，有的要钱，有的软骗，有的硬索，我在墙上，又贴了告白，说：

切莫代人介绍，心病复作，断难报答也。

又说：

　　与外人翻译者，恕不酬谢，求诸君莫介绍，吾亦苦难报答也。

这些字条，日军投降后，我的看门人尹春如，从大门上揭了下来，归他保存。春如原是清朝宫里的太监，分配到肃王府，清末，侍候过肃亲王善耆的。

二月初，得良元从家乡寄来快信，得知我妻陈春君，不幸于正月十四日逝世，寿七十九岁。春君自十三岁来我家，熬穷受苦，从无怨言。二十岁上跟我圆了房，这漫长岁月之间，重堂侍奉，儿女养育，家务撑持，避乱迁移，都是由她担负，使我免去内顾之忧。我定居北平，恐我客中寂寞，为我聘了宝珠，随侍照料。宝珠初生孩子，恐其年轻不善抚育，亲自接了过去，昼则携抱，夜则同睡，嘘拂爱护，如同己出。我在北平，卖画为活，北来探视，三往三返，不辞跋涉。相处六十多年，我虽有恒河沙数的话，也难说尽贫贱夫妻之事，一朝死别，悲痛刻骨，泪哭欲干，心摧欲碎，作了一副挽联：

怪赤绳老人，系人夫妻，何必使人离别；
问黑面阎王，主我生死，胡不管我团圆。

又作了一篇祭文，叙说我妻一生贤德，留备后世子孙，观览勿忘。良元信上还说，春君垂危之时，口嘱儿孙辈，慎侍衰翁，善承色笑，切莫使我生气。我想：远隔千里，不能当面诀别，这是她一生最后的缺恨，叫我用什么方法去报答她呢？我在北平，住了二十多年，雕虫小技，天下知名，所教的门人弟子，遍布南北各省，论理，应该可以自慰的了，但因亲友故旧，在世的已无多人，贤妻又先我而去，有家也归不得，想起来，就不免黯然销魂了。我派下男子六人，女子六人，儿媳五人，孙曾男女共四十多人，见面不相识的很多。人家都恭维我多寿多男，活到八十岁，不能说不多寿；儿女孙曾一大群，不能说不多男；只是福薄，说来真觉惭愧。

民国三十年（辛巳·一九四一），我八十一岁。

宝珠随侍我二十多年，勤俭柔顺，始终不倦，春君逝世后，很

菊花图，135cm×33cm，1936 年

多亲友，劝我扶正，遂于五月四日，邀请在北平的亲友二十馀人，到场做证。先把我一生劳苦省俭，积存下来的一点薄产，分为六股，春君所生三子，分得湖南家乡的田地房屋，宝珠所生三子，分得北平的房屋现款。春君所生的次子良黻，已不在人世，由次儿媳同其子继承。立有分关产业字据，六人各执一份，以资信守。分产竣事后，随即举行扶正典礼，我首先郑重声明："胡氏宝珠立为继室！"到场的二十多位亲友，都签名盖印。我当着亲友和儿孙等，在族谱上批明："日后齐氏续谱，照称继室。"宝珠身体瘦弱，那天十分高兴，招待亲友，直到深夜，毫无倦累神色。

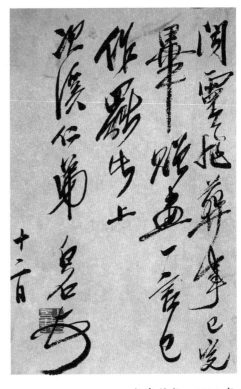

行书信札，1936 年

隔不多天，忽有几个日本宪兵，来到我家，看门人尹春如拦阻不及，他们已直闯进来，嘴里说着不甚清楚的中国话，说是"要找齐老头儿"。我坐在正间的藤椅子上，一声不响，看他们究竟要干些什么，他们问我话，我装聋好像一点都听不见，他们近我身，我只装没有看见，他们叽哩咕噜，说了一些我听不懂的话，也就没精打采地走了。事后，有人说："这是日军特务，派来吓唬人的。"也有人说："是几个喝醉的酒鬼，存心来捣乱的。"我也不问其究竟如何，只嘱咐尹春如，以后门户要加倍小心，不可再疏忽，吃此虚惊。

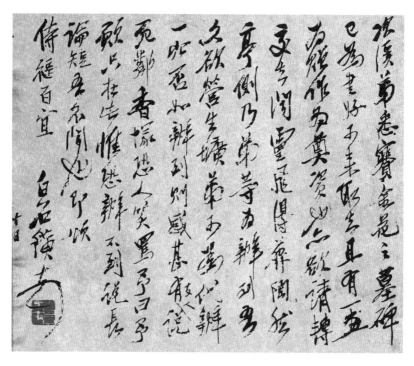

行书信札，约20世纪30年代

北平沦陷期间，齐白石停止卖画，闭门隐居铁棚屋

民国三十一年（壬午·一九四二），我八十二岁。

在七八年前，就已想到：我的岁数，过了古稀之年，桑榆暮景，为日无多，家乡辽远，白云在望，生既难还，死亦难归。北平西郊香山附近，有万安公墓，颇思预置生圹，备作他日葬骨之所，曾请同乡老友汪颂年写了墓碑，又请陈散原、吴北江、杨云史诸位题词作纪念。只是岁月逡巡，因循坐误，香山生圹之事，未曾举办。二十五年丙子冬，我又想到埋骨在陶然亭旁边，风景既幽美，地点

寿桃，155cm×43.5cm

又近便，复有香冢、鹦鹉冢等著名胜迹，后人凭吊，倒也算得佳话。知道你曾替人成全过，就也托你代办一穴，可惜你不久离平南行，这事停顿至今。上年年底，你回平省亲，我跟你谈起旧事，承你厚意，和陶然亭慈悲禅林的住持慈安和尚商妥，慈安愿把亭东空地一段割赠，这真是所谓"高谊如云"的了。正月十三日，同了宝珠，带着幼子，由你陪去，介绍和慈安相晤，谈得非常满意。看了看墓地，高敞向阳，苇塘围绕，确是一块佳域。当下定议。我填了一阕《西江月》的词，后边附有跋语，说：

> 壬午春正月十又三日，余来陶然亭，住持僧慈安赠妥坟地事，次溪佺，引荐人也，书于词后，以记其事。

但因我的儿孙，大部分都在湖南家乡，万一我死之后，他们不听我话，也许运柩回湘，或是改葬他处，岂不有负初衷，我写一张委托书交你收存，免得他日别生枝节。这样，不仅我百年骸骨，有了归宿，也可算是你我的一段生死交情了。（次溪按：老人当时写的委托书说："百年后埋骨于此，虑家人不能遵，以此为证。"我曾请徐石雪丈宗浩，画过一幅《陶然亭白石觅圹图》，名流题词甚多，留作纪念。）

那年，我给你画的《萧寺拜陈图》，自信画得很不错。你请人题的诗词，据我看：傅治芗岳芬题的那首七绝，应该说是压卷。我同陈师曾的交谊，你是知道的，我如没有师曾的提携，我的画名，不会有今天。师曾的尊人散原先生在世时，记得是二十四年乙亥的端午节左右，你陪我到姚家胡同去访问他，请他给我作诗集的序文，他知道了我和师曾的关系，慨然应允。没隔几天，序文就由你交来。我打算以后如再刊印诗稿，陈、樊二位的序文，一起刊在卷前，我的诗稿，更可增光得多了。我自二十六年丁丑六月以后，不出家门一步。只在丁丑九月，得知散原先生逝世的消息，破例出了一次门，亲自去拜奠。他灵柩寄存在长椿寺，我也听人说起过，这次你我同到寺里去凭吊，我又破例出门了。（次溪按：散原太世丈逝世时，我远客江南，壬午春，我回平，偶与老人谈及，拟往长椿寺祭拜，老人愿偕往，归后，特作《萧寺拜陈图》给我，我征集题词很多。傅治芗丈诗云："槃槃盖世一棺存，岁瓣心香款寺门。彼似沧州陈太守，重封马鬣祭茶村。"老人谓着墨无多，而意味深长，此图此诗，足可并垂不朽。）

民国三十二年（癸未·一九四三），我八十三岁。

自从卢沟桥事变至今，已过了六个年头，天天提心吊胆，在忧闷中过着苦难日子。虽还没有大祸临身，但小小的骚扰，三天两头总是不免。最难应付的，就是假借买画的名义，常来捣乱。我这个八十开外的老翁，哪有许多精力，同他们去做无谓周旋。万不得已，从癸未年起，我在大门上，贴了四个大字：

停止卖画。

从此以后，无论是南纸店经手，或朋友们介绍，一概谢绝不画。家乡方面的老朋友，知道我停止卖画，关心我的生活，来信问我近况。我回答他们一首诗，有句云："寿高不死羞为贼，不丑长安作饿殍。"

我是宁可挨冻受饿，决不甘心去取媚那般人的。

我心里正在愁闷难遣的时候，偏偏又遭了一场失意之事：十二月十二日，继室胡宝珠病故，年四十二岁。宝珠自十八岁进我家门，二十多年来，善事我的起居，寒暖饿饱，刻刻关怀。我作画之时，给我理纸磨墨，见得我的作品多了，也能指出我笔法的巧拙，市上冒我名的假画，一望就能辨出。我偶或有些小病，她衣不解带地昼夜在我身边，悉心侍候。春君在世时，对她很是看重，她也处处不忘礼节，所以妻妾之间，从未发生龃龉。我本想风烛之年，仗她护持，身后之事，亦必待她料理，不料她方中年，竟先衰翁而去，怎不叫我洒尽老泪，犹难抑住悲怀哩！

民国三十三年（甲申·一九四四），我八十四岁。

我满怀积愤，无可发泄，只有在文字中，略吐不幸之气。胡冷庵拿他所画的山水卷子，叫我题诗，我信笔写了一首七绝，说：

对君斯册感当年，撞破金瓯国可怜。
灯下再三挥泪看，中华无此整山川。

我这诗很有感慨。我虽停止卖画，但作画仍是天天并不间断，所作之画，分给儿女们保存。我画的《鸬鹚舟》，题诗道：

大好江山破碎时，鸬鹚一饱别无知。

渔人不识兴亡事，醉把扁舟系柳枝。

我题门生李苦禅画的《鸬鹚鸟》，写了一段短文道：

> 此食鱼鸟也，不食五谷、鸬鹚之类，有时河涸江干，或有饿死者，渔人以肉饲其饿者，饿者不食。故旧有谚云：鸬鹚不食鸬鹚肉。

这是说汉奸们同鸬鹚一样的"一饱别无知"，但"鸬鹚不食鸬鹚肉"，并不自戕同类，汉奸们对之还有愧色哩。我题《群鼠图》诗：

群鼠群鼠，何多如许！何闹如许！
既啮我果，又剥我黍。
烛炧灯残天欲曙，严冬已换五更鼓。

又题画《螃蟹》诗：

处处草泥乡，行到何方好！
昨岁见君多，今年见君少。

我见敌人的泥死何足惜，拼脚愈陷愈深，日暮途穷，就在眼前，所以拿老鼠和螃蟹来讽刺他的。有人劝我明哲保身，不必这样露骨地讽刺。我想：残年遭乱，死何足惜，拼着一条老命，还有什么可怕的呢？

六月七日，忽然接到艺术专科学校的通知，叫我去领配给煤。艺专本已升格为学院，沦陷后又降为专科学校。那时各学校的大权，都操在日籍顾问之手，各学校里，又都聘有日文教员，也是很有权威，人多侧目而视。我脱离艺校，已有七年，为什么凭空给我这份配给煤呢？其中必有原因，我立即把通知条退了回去，并附了一封信道：

顷接艺术专科学校通知条，言配给门头沟煤事。白石非贵校之教职员，贵校之通知错矣。先生可查明作罢论为是。

煤在当时，固然不易买到，我齐白石又岂是没有骨头、爱贪小便宜的人，他们真是错看了人哪！

朋友因我老年无人照料，介绍一位夏文珠女士来任看护，那是九月间事。

民国三十四年（乙酉·一九四五），我八十五岁。

三月十一日，即阴历正月二十七日，我天明复睡，得了一梦：立在馀霞峰借山馆的晒坪边，看见对面小路上有抬殡的过来，好像是要走到借山馆的后面去。殡后随着一口没有上盖的空棺，急急地走到殡前面，直向我家走来。我梦中自想，这是我的棺，为什么走得这样快？看来我是不久人世了。心里头一纳闷，就惊醒了。醒后，愈想愈觉离奇，就作了一副自挽联道：

有天下画名，何若忠臣孝子；

无人间恶相，不怕马面牛头。

这不过无聊之极，聊以解嘲而已。

到了八月十四日，传来莫大的喜讯：抗战胜利，日军无条件投降。我听了，胸中一口闷气长长地松了出来，心里头顿时觉得舒畅多了。这一乐，乐得我一宿都没睡着，常言道，心花怒放，也许有点相像。十月十日是华北军区受降的日子，熬了八年的苦，受了八年的罪，一朝拨开云雾，重见天日，北平城里，人人面有喜色。虽说不久内战又起，物价飞涨，兼之贪污风行，一团稀糟，人人又大失所望，但在那时，老百姓们确是振奋得很。那天，侯且斋、董秋崖、余倜等来看我，留他们在家小酌，我作了一首七言律诗，结联云："莫道长年亦多难，太平看到眼中来。"

我和一般的人，一样的看法，以为太平日子已经到来，谁知并不是真正的太平年月啊！

民国三十五年（丙戌·一九四六），我八十六岁。

抗战结束，国土光复，我恢复了卖画刻印生涯，琉璃厂一带的南纸铺，把我的润格，照旧地挂了出来。我的第五子良已，在辅仁大学美术系读书学画，颇肯用功，平日看我作画，我指点笔法，也能专心领会，近来的作品，人家都说青出于蓝，求他画的人也很不少。

十月，南京方面来人，请我南下一游，是坐飞机去的，我的第四子良迟和夏文珠同行。先到南京，中华全国美术会举行了我的作品展览；后到上海，也举行了一次展览。我带去的二百多张画，全部卖出，回到北平，带回来的"法币"，一捆一捆的数目倒也大有可观，等到拿出去买东西，连十袋面都买不到，这玩笑开得多么大啊！我真悔此一行。

十二月十九日，女儿良欢死了，年十九岁。良欢幼时，乖巧得很，刚满周岁，牙牙学语，我教她认字，居然识了不忘，所以乳名小乖。有了她妹妹良止，乳名小小乖，她就叫作大小乖了。可怜这个大小乖，自她母亲故去后，郁郁不乐，三年之间，时常闹些小病，日积月累，遂致不起，我既痛她短命，又想起了她的母亲，衰年伤心，洒了不少老泪。

民国三十六年（丁亥·一九四七），我八十七岁。三十七年（戊子·一九四八），我八十八岁。

这两年，常有人劝我迁往南京、上海等地，我想起前年有人从杭州来信，叫我去主持西湖美术院，我回答他一诗，句云："北房南屋少安居，何处清平著老夫？"我在胜利初期，一片欢欣的希望，早已烟消云散，还有什么心绪，去奔走天涯呢？

那时，"法币"已到末路，几乎成了废纸，一个烧饼，卖十万元，一个最次的小面包，卖二十万元，吃一顿饭馆，总得千万元以上，真是骇人听闻。接着改换了"金圆券"，一元折合"法币"三百万元。

刚出现时，好像重病的人，打了吗啡针，缓过一口气，但一霎眼间，物价的涨风，一日千变，波动得大，崩溃得快，比了"法币"，更是有加无已。这种烂纸，信用既已扫地，人们纷纷抢购实物，票子到手，就立刻去换上东西，价钱贵贱，倒也并不计较，物价因之益发上跳。囤积倒把的人，街头巷尾，触目皆是。他们异想天开，把我的画，也当作货物一样，囤积起来。拿着一堆废纸似的"金圆券"，订我的画件，一订就是几十张几百张。我案头积纸如山，看着不免心惊肉跳。朋友跟我开玩笑，说："看这样子，真是'生意兴隆通四海，财源茂盛达三江'了。"实则我耗了不少心血，费了不少腕力，换得的票子，有时一张画还买不到几个烧饼，望九之年，哪有许多精神，弄来许多废纸欺骗自己呢？只得叹一口气，挂出"暂停收件"的告白了。

老鼠偷油，
136cm × 33cm

多子图，68.5cm×33.5cm

岁朝图，118.5cm×55cm

老当益壮，91.5cm×48cm

清平福来，69.5cm×34.5cm

齐白石的一生（节录）

张次溪

编者按：

《白石老人自述》，可惜只记录到 1948 年。

后来，张次溪又写了《齐白石的一生》，将第一人称的"我"（齐老人语气），转为第三人称的"他"（张次溪介绍语气），仍旧是"编年"的写法，继续 1948 年之后，写到老人故去。

为满足读者了解齐老人一生的愿望，兹将《齐白石的一生》后面几节补录于下。

齐白石的一生

THE LIFETIME OF QI BAISHI

光明来到眼前（1949—1950）

1949 年，齐白石八十七岁（自署八十九岁）。

上年年底，北平城内，纷传人民解放军兵临城下，人人在漫长的黑夜里苦闷不堪，都有盼望天亮的感想。到了 1 月 31 日，即阴历己丑年正月初三日，北平正式解放了，这是惊天动地，令人兴奋的一件大喜事。他这几年来，深居简出，与世隔绝，虽尝一度南行，到过南京、上海，但是出于被动，迫不得已而去的，而且白费了许多力气，没有得到一点实惠，回来后深悔长途往返，多此一行。这次听到街上锣鼓声喧，夹杂着欢呼的人声，不由他不想出去看看。他支了拐杖，站在胡同口，看了一会儿。只见男女老少，个个笑容满面，潮涌似的排齐了队伍，欢乐沸腾地走着。走过一队，又来一队，秧歌队"咚咚切切"地响着乐器，还有高跷和小车会等，跟在后面看热闹的人，真是人山人海，拥挤不动。大家都是从黑暗中过来的，一旦光明来到眼前，哪不欢腾雀跃。他回到画室，高兴得遏制不住，连画了十几幅画，一点也不觉得疲倦，不是他家里人怕他过度劳累，拦着他叫他休息，他一鼓劲地还想画下去哩。

10 月 1 日，中华人民共和国宣告成立，定北京为国都。从此，北平就又改称为北京了。中央美术学院聘他为名誉教授，院长徐悲鸿，原是他的好友，又因黑暗换了光明，眼面前一片喜气洋洋照得他亮堂堂的，心里头有说不尽的舒畅，他就高高兴兴地接受了聘书。

1950 年，齐白石八十八岁（自署九十岁）。

从那年起，改用公元纪年。3 月间的一天下午，章行严先生（士

篆书联，1948 年

钊）奉毛主席命，约他到中南海丰泽园去会见。北京解放后，党和政府对他深切地照顾，他感觉到新时代的新气象，和过去时常遇到的欺骗、压迫、剥削的情形，真是大不相同，自己到了风烛残年，今天才有真正幸福的日子，可算得"蔗境弥甘"的了。他曾因转达同乡友人的信给毛主席，得到主席的复信，此次又蒙主席召见，他喜出望外地去了。丰泽园内有海棠两株，各高三丈馀，那时花正盛开，主席和他谈了很多的话，还一起进了晚餐。章行严先生当时即席赋诗，成了七言绝句五首。

其一云：

赤制由来出素王，汉家图篆凤开张。
（原注：东汉纬学家谓春秋为汉制作，赤制字见《史晨碑》。）
微生也解当王色，粉粉朱朱壮海棠。

其二云：

棠梨本色自婀娜，海外移根作一家。
莫怨东风多顾藉，却教异种出槠牙。

其三云：

故苑春深花满畦，重来亭馆已凄迷。
残年不解胡旋舞，好下东郊入燕泥。
（原注：海棠花入燕泥干，剑南句。）

其四云：

七年曾住海棠溪，门外高花手自题。

（原注：重庆故居，余咏海棠诗甚夥。）

高意北来看未已，分甘原属旧棠梨。

（原注：用荆公句。）

其五云：

相望万里羽音沈，海曲羁人怨诽深。

几句低回旧词句，海棠开后到如今。

（原注：时余将于役香港。）

诗前附有小引云：

北京故宫丰泽园，有海棠两株，各高三丈馀，庚寅三月花盛开，毛主席约余与齐白石共赏之，余即席成五绝句。

章先生的诗，他读了又读，佩服得很。他回家以后，把会见主席的经过，一字不遗地告诉了他的家里人，朋友或学生们去访他，也总喜欢谈起那天的情形，他的心情，确是兴奋极了。他说："这一天，是我一生最不能忘的日子。我一辈子见过有地位、有名望的人，并不在少，哪有像毛主席那样的诚挚待人，和蔼可亲，何况是人民的领袖、国家的元首哩！"他这个九十老翁，顿时朝气蓬勃，好像

秋荷，137.5cm×47cm，约 20 世纪 30 年代

还有九十年可活。

到了 10 月，他把历年自存的认为精彩的作品中，拣出两件：一是 1937 年写的篆联，一是 1941 年画的鹰幅，加题了本年的年月和上下款，专诚呈给毛主席。篆联的联句是：

海为龙世界，
云是鹤家乡。

鹰幅是巨鹰雄立，顾盼生姿，大有叱咤风云的气概。这是他生平最得意的作品，原是想自己留看的，此次呈送给主席，是他对于主席表示敬佩爱戴的意思。他又写了一条字幅，句云：

从群众中来，到群众中去。

是代表中华全国美术工作者协会和人民美术出版社，送给中央美术学院的。他给东北博物馆也写了一条字幅，写了七个大字道：

愿天下人人长寿。

他的意思，是人们身逢了幸福的时代，日子越过越好，一定人人都会长寿的。他又撰成一副对联道：

城乡处处人长寿，
风雨时时龙一吟。

有人请他写字，他总喜欢写上这么两句。他还自己刻了两个印章：一是"为人民服务"，一是"乐此不疲"。他热爱社会，热爱生活，在这两方印章的词意思，可以概见的了。

那年冬天，他写了一张"白石画屋"的横额，挂在家里进门的地方，附有跋语道：

> 南岳山上有邺侯书屋，尚存千秋，敬羡。予五十岁后，因避乡乱，来京华，心胆尚寒。于城西买一屋卖画，屋绕铁栅，如是年九十矣，尚自食其力，卖画为天下人称之。其屋，自书白石画屋，不遗子孙，留为天下人见之一叹，而后或为保管千秋，亦如邺侯书屋之有幸也。

他的愿望，很想在他身后，把画屋由公家保管，永久存在，跟南岳山上的邺侯书屋，同样地留给后人追念。

晚年的幸福生活（1951—1953）

1951年，齐白石八十九岁（自署九十一岁）。

过去日常护理他的夏文珠女士，辞去看护职务，同乡介绍一位伍德萱女士继任。伍女士原籍江苏武进，她的父亲一向在湖南做事，她是在长沙生长大的，和他有点世交。伍女士文学很有些根底，他用了聘书，聘她为秘书，还给她取了个别名，叫作伍影。

李印泉（根源）先生上年来到北京，曾去看他，此时他画了一个扇面送了去，画的是几个葫芦。印泉先生题了一首很风趣的诗：

木人老画师，画为天下知。
这些黄葫芦，装些啥东西。

1952年，齐白石九十岁（自署九十二岁）。

这一年春天，有人约他到颐和园拍摄电影，到了园门，因为年老行走不便，由招待的人用藤椅小车把他推了进去，在长廊的东边，乐寿堂附近的藤萝架下憩坐。晤见了汪霭士、梅兰芳等人。梅兰芳是喜欢养鸽子的，对于鸽子的品种和习性，很有经验。拍完电影，梅兰芳讲了许多关于鸽子的故事，又亲自放了几只鸽子在天空盘旋。他仔细观察鸽子飞翔的姿态，耽了半天，才尽兴而回。

那年，亚洲及太平洋区域和平会议在北京召开，他为拥护世界持久和平，并庆祝大会的胜利起见，费了几个整天的时间，画了一张"丈二匹"的大幅，画的是《百花与和平鸽》。他用盛开的百花象征胜利，鸽子象征和平，作为对大会的献礼。

中央文史研究馆成立，聘他为馆员。11月，苏联木偶剧院艺术指导、人民演员、斯大林奖金获得者С·奥布拉兹卓夫，以苏联艺术工作团代表身份，来到我们中国，参加中苏友好月，特去访问他。他画一幅《三蟹图》，送给这位远道而来的苏联朋友。С·奥布拉兹卓夫很高兴地接受了，说他的画是"一个创造了自己风格的革新者"。又说是"在画中表现出对于自然的理解，然而他的作品整个风格、他的技巧，虽说实际上是个人的，但在性质上则是具有深刻的民族性的"。С·奥布拉兹卓夫回国后，著有《我在中国的日记的一部分》，其中有一段是看齐白石作画，记这事极详，刊载于《苏联文学》1954年2月号中。

1953年，齐白石九十一岁（自署九十三岁）。

这一年的1月7日，即阴历壬辰年十一月二十二日，中华全国美术工作者协会和中央美术学院，在文化俱乐部，为他九十岁的寿辰，举行庆祝会。那天，参加的人很多。中央人民政府文化部周扬副部长代表文化部，授给他荣誉奖状，称他为"中国人民杰出的艺术家，在中国美术创造上有卓越的贡献"。周扬副部长在讲话时指出："齐白石先生的艺术，继承了中国绘画的现实主义传统，发挥了形神兼备的特色。由于他出身劳动者，他的作品，多取材于一般人民日常生活相接近的自然风物，具有健康、朴素的色彩。"周扬副部长又指出：三年来国画界的同人做了很多对人民有益的工作，今后应更加亲密地团结一致，共同为改进和发展中国画而努力，并向齐白石先生的艺术和他的刻苦劳动的精神学习。老舍先生在祝寿会上，从自己收藏的几幅画，谈到白石老先生艺术创造的精神和表现方法，说是去年端午节，给白石老先生送去一些粽子，老先生说："我也送给你几个粽子吧！"说着，提起笔来，就画了几个粽子，并加上了枇杷和樱桃。老舍先生说："画粽子是不容易的，我从来没见过哪个画家画过粽子，但是，人们喜欢粽子，他就细心地观察它，并表现了它。"他给老舍先生画的《雏鸡出笼图》和水墨画《蛙》，都是非常传神动人的。老舍先生又说：有一次，我用一句"蛙声十里出山泉"的诗句，请他作画，老先生为了这个题目，两夜没有睡觉，他想，蛙声怎样去表现呢？于是他没有画蛙，而是在泉里画了蝌蚪，让人们想象到，在这里是可以听到蛙声的。他就是用这种独创的精神去从事艺术创作的。田汉局长用白石老先生在九十岁时给美术学院学生的诗"半如儿女半风云"这一句来说明他的艺术风格，在他的画里，有细如儿女之情，又有如风云变化的气魄。徐悲鸿院长也说：他的笔法，有的细如雕刻，有的气势磅礴。

当时，参加祝寿的人，除了文艺界知名人士外，周总理于百忙中，也赶来出席，和他交谈了好久。在他生日以前，政府又把他跨车胡同的住宅，修理油饰一新。他对人说，共产党和人民政府对他这样地殷切关怀，又给他这样的荣誉，真是他一辈子做梦所没有梦到过的，叫他怎样去报答党和政府的恩情与厚德呢？过了生日，他画了两幅画：一是《旭日老松白鹤图》，一是《祝融朝日图》，把这两幅画，献给了毛主席。旭日是象征党的光明和温暖，老松和白鹤是祝颂毛主席长寿，祝融朝日是说明太阳出在湖南的意思。

他过着这样的幸福生活，衷心表示十分感谢，愿意尽他最大的努力，好好地为人民服务。那年他作的画很多，差不多画了六百来幅，是他最近十几年来，画得最多的一年。中国美术工作者协会和北京中国画研究会，都选了他当主席。全国国画展览会开幕，他挑选了几幅自认为精品之作，参加了展出。苏联《星火》杂志副总编辑维·谢·克里马申，是当今第一流水彩画家，来我国访问，特去看他，给他画了一幅像，画得神情毕肖。他看了很喜欢，说是把他的性格，都画了出来，可算是神来妙笔。这幅画像，后曾刊载于1954年12月16日出版的《新观察》第24期中。

他在这一年中，生活更舒适，心境更开朗，显得精神更健旺了。只有一桩使他伤心的事，9月15日，徐悲鸿死了。徐悲鸿是他的好友，也是他作画的知己，他的画，悲鸿是十分推崇的。早年，骂他的人很多，悲鸿独排众议，有时又仗义执言，帮着他反击，不避嫌怨。他送给徐悲鸿的诗，曾道：

少年为写山水照，自娱岂欲世人称。
我法何辞万口骂，江南倾胆独徐君。
谓我心手出异怪，鬼神使之非人能。
最怜一口反万众，使我衰颜满汗淋。

他同徐悲鸿的友谊，是很深的，悲鸿死后，他悲伤得很。

工虫老少年，95.5cm×32.5cm，约 20 世纪 30 年代

幻住幻愿（1953）

三十多年前，齐白石初到北京时，住过龙泉寺，离陶然亭很近。那时，陶然亭四周，除了苇塘，便是荒冢，夏天蚊蝇丛集，秽气熏蒸。解放后，人民政府为了人民的健康，关心人民的福利，把陶然亭附近一带，大加整理，辟作公园。苇塘改成湖泊，刨出的土，堆成小丘，种了不少花木，所有坟墓，一律迁移。于是昔日一片污浊荒凉的境界，一变成为清静幽雅的地方，气象崭新，遂为城南胜境。前十年，他在陶然亭旁边，营置了生圹，因在公园范围之内，坟墓且须迁出，生圹当然不能保留，他的原来计划，也就作罢。

1953年，我先父的遗榇，原厝在张园内的，也因城内坟墓必须迁走，就迁到西山四平台番禺叶氏的幻住园去。他知道这个消息，特意对我说："听说你给尊公篁溪学长和你们同乡曾刚甫等迁坟，迁到西山幻住园，这倒是块好地方，亡友罗瘿公原也葬于彼处。我想，我陶然亭生圹计划既已打消，能不能在幻住园中，乞得一席地，追附尊公及曾、罗诸君之后呢？倘能办到，他年死后，与尊公及曾、罗诸君，共此青山，泉下当不寂寞了。"

幻住园是番禺叶玉甫丈（恭绰）的别墅，在西山山麓四平台北，面对灵光寺，风景幽美，地势高爽。别墅隙地，除了叶氏的几座坟墓之外，原只有罗瘿公借厝其中，先父和曾刚甫的迁葬，是叶丈笃念旧交，允许了我的请求。我既受他之托，再把他的愿望，去向叶丈商量，叶丈慨然答应割地相赠，嘱我转告，约期同去丈量地段。他知事已办妥，高兴得很，亲笔写了一封回信，并画了一幅《幻住园图》，托我偕同他的第五子良已，面致叶丈。叶丈答了他四首七言绝句，诗云：

人生有分共青山，卖画痴呆只是顽。

幻住那如无住好，剩添话靶落人间。

青山好处即菟裘，归骨何须定首丘。

漫与蜉蝣争旦暮，艺灯明处照千秋。

人表从何位此翁，屠龙刻鹄两无功。

藤阴醉卧无南北，更费先生酒一盅。

高冢麒麟计本迁，况兼梓泽易丘墟。

结邻有约何须买，试写秋坟雅集图。

所谓"秋坟雅集"，就是说的先父和曾、罗诸丈都埋葬于此。他屡次对我说起，拟趁天气晴暖之时，亲到幻住园察看地形，先去种些树木，终因他病躯不耐跋涉，因循未果。后来他逝世后，他的家人，为他卜葬于西郊湖南公墓，幻住之愿，终未能偿。

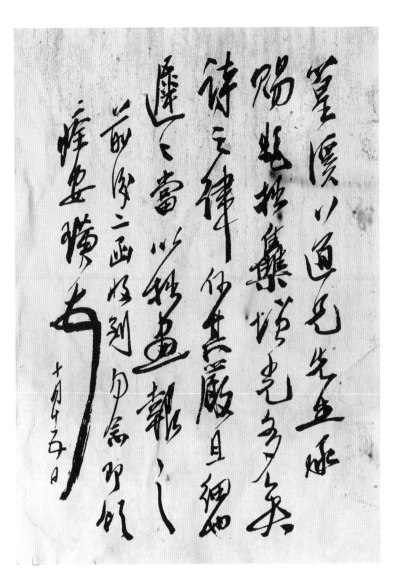

齐白石致张次溪父亲张篁溪信，1933 年

崇高的荣誉（1954—1956）

1954 年，齐白石九十二岁（自署九十四岁）。

1954 年 3 月间，沈阳东北博物馆举办了"齐白石画展"，包括了他早、中、晚三期的作品一百多件。

4 月 28 日，中国美术家协会在故宫博物院承乾宫，也举办了"齐白石绘画展览会"，历时三星期。他选送的作品，计 121 件，从前清光绪二十七年辛丑他三十九岁起，到最近止。以民国二十一年（公元 1932 年壬申）他七十岁，到民国三十一年（公元 1942 年壬午）他八十岁，这十年间的作品为多。他曾经说过：

予之画，稍可观者，在七十岁前后。

但他的画，总是不断改进，1948 年他八十八岁时又曾说过：

今年又添一岁，八十八矣，其画笔已稍去旧样否？

他越到老年，画笔越见"炉火纯青"，真是到了"化境"的地步。前年他为亚洲及太平洋区域和平大会所作的那幅《百花与和平鸽》大画，也在那次承乾宫里的展览会上展出，参观的人，都是啧啧叹赏，认为不可多得。

8 月，他的家乡湖南省的人民代表，选了他为全国人民代表大会代表，他谦虚地说："家乡人民给我最大的光荣与信任，叫我怎么能顶当得起呢？"他画了一幅画，寄给长沙《新湖南报》，请为制版印在报上，算是对于家乡人民感谢的意思。

9月15日，全国人民代表大会在中南海怀仁堂开幕，他抱着感奋的心情出席了。那天，他静听毛主席的开幕词，深恐老年善忘，他不断地用笔摘录在笔记本上。20日，大会通过了《中华人民共和国宪法》，他也郑重地投了光荣的一票。

1955年，齐白石九十三岁（自署九十五岁）。

1955年3月底，他得到消息，黄宾虹于25日病逝杭州。他感觉到老朋友又少了一位，不免有点"既伤逝者，行自念也"的想法。他自那年起，体气渐见衰弱，作画刻印，常觉精力不继，脑筋也差得多了，事情很难记住，往往转身就忘。许多朋友，劝他多多休息，他总抑制不住满腔愉快的心情，仍是乘着高兴，伏案挥毫，虽比上年画得少些，这一年也仍画了三百多幅。

政府关切他的生活，1955年初冬，在地安门外雨儿胡同布置了一所精雅舒适的住房，请他搬了去住，一切饮食起居，照顾得无微不至。他感谢政府殷切的关怀，时常对人说："希望能够活到一百二十岁，多给人民贡献点薄艺，于心才安。"那年，伍德萱女士辞去，朋友介绍了一位张学贤女士继任看护的职务。

12月11日，德意志民主共和国总理格罗提渥，副总理兼外交部部长博尔茨，到我国来访问，慕他盛名，特去看他，并代表德国艺术科学院，授给他德国艺术科学院通讯院士荣誉状。这是国际极高

白石老人在北京的住所地安门外雨儿胡同甲5号

的荣誉。他在旧存的作品中，选出了两幅画，一幅画的是鹰，送给格罗提渥总理，一幅画的是菊花蝴蝶，送给博尔茨副总理。

1956年，齐白石九十四岁（自署九十六岁）。

1956年1月14日，《北京日报》载新华社讯：苏联艺术研究院、苏联对外文化协会、美术部和东方文化博物馆等，于1月12日晚间，在莫斯科举行晚会，庆祝中国著名画家齐白石96岁寿辰，参加的人很多，场面十分热烈。

他对于住了三十来年的跨车胡同旧居，总是时刻想念，恋恋不舍。家里又是四代同堂，儿孙曾等绕膝承欢，也是舍不得离开。所以住在雨儿胡同，并不太久，就自动请求，迁回跨车胡同旧居去了。迁回的那天，是3月16日，天正下着小雨，他有一个随身的大柜，也跟着他，一起搬回了家。

4月7日，世界和平理事会国际和平奖金评议委员会在斯德哥尔摩举行了会议，决定把1955年度的国际和平奖金，授予两位对维护世界和平事业有卓越贡献的人士，他是得奖人之一，这是我们中国获得这项荣誉的第一人。这项奖金是一份荣誉奖状，一枚金质奖章，500万法郎。按当时的币值，500万法郎，折合我国人民币三万五千元。消息传播，中外人士致电给他祝贺的纷纷而来。9月1日，首都隆重举行授奖仪式，世界和平理事会郭沫若副主席代表举办这次授奖仪式的中国人民保卫世界和平委员会、中国人民对外文化协会、中国美术家协会，向他致以热诚的祝贺和敬意。茅盾代表世界和平理事会国际和平奖金评议委员会，把奖金授给了他。授奖后，会上又宣读了国际友人的贺电，在京的朋友们和他的学生们，也在会上致了贺词。他接受资金时，兴奋地说，他是"把一个普通中国人民的感情，画在画里，写在诗里"。又说："我虽已年老，但艺术的生命，是无穷无尽的。我很愿意尽一切力量，使我国有优良传统的国画，更加发扬和进步。"当场他把所得资金的一半，长期存在银行里，每年所得利息，用"齐白石国画奖金"的名义，作为优秀国画家的奖金。这次典礼，除文艺界人士参加外，其馀各界的著名人士，到的也不少，周总理也到了。他眉开颜笑，沉浸在一片欢乐的气氛中。

古树归鸦，138cm×47.5cm，1949 年

身后的哀荣（1957—）

1957 年，齐白石九十五岁（自署九十七岁）。

1 月间，受了点凉，医生检查，心脏血压，都还正常，只因岁数太大，身体衰弱，行动不很灵便，就不常出门了。

2 月 15 日，文化部所属的中国木偶艺术剧团，知道他喜看木偶戏，特地选派二十多位熟练技术的同志，到他家里，专为他演出了《小放牛》《猪八戒招亲》《秧歌舞》等几个著名节目，戏台是在他住的正房院子里临时搭起来的。他往年每逢生日或过年，常常邀请皮影戏等到家演出，喜欢听戏看杂技，是他小时候相沿下来到老没变的嗜好。

那年，中国画院成立，他被选为名誉院长。

5 月 22 日，毛主席派了两位同志去问候他起居，他当时并不觉得有什么显著的异样。但他的健康状况，却已大不如前，虽有党和政府时时刻刻悉心关怀，想尽方法来护理他，特约中西名医定期检查身体，每月又专送特别丰厚的生活必需品，还为他二次修饰住房，但总因年迈气衰，精神一天比一天地萎顿下去。不过他心里是明白的，口口声声感谢党和政府的厚待，还不断地自言自语道："毛主席太看得起我了！"直到临终，仍是这样地唠叨着。

9 月 15 日清早，他感觉精神恍惚，身体也很不舒适，以为还不致有多大妨害。过了中午，渐渐地有些支持不了。他的家属，请来一位中医，服了一剂汤药，并未见效。他有病请医的消息，传到了

齐白石题诗

中国美术家协会，会里的负责同志，急忙请了北京医院的专任大夫来诊治，又由中西名医联合会诊，服药打针，也未好转。延至16日下午，病势加剧，呼吸困难。4时护送至北京医院，因心脏过于衰弱，6时40分与世长辞。17日，各报刊出了他逝世的消息："全国人民代表大会代表、中国美术家协会主席、北京中国画院名誉院长、中央美术学院名誉教授、1955年国际和平奖金获得者、人民艺术家齐白石于1957年9月16日下午六时四十分在北京医院病逝，享年九十七岁。"治丧委员会委员凡二十五人，推郭沫若为主任。就在那天，遗体在北京医院入殓，灵柩是用湖南杉木所制，是他二十多年前亲自设计预先制就的。殡葬的东西有两种：一是刻着他姓名籍贯的两方石章，一是他用了三十来年的一支红漆拐杖。遗体入殓后，当日移灵北皇城根嘉兴寺殡仪馆，政府首长和各方面人士，致送花圈挽联的，多不胜计。22日举行公祭，国务院周恩来总理，陈毅副总理，全国人民代表大会常务委员会林伯渠副委员长、陈叔通副委员长，最高人民法院董必武院长，中共中央统战部李维汉部长，中共中央宣传部周扬副部长，文化部沈雁冰部长，以及各有关单位、各人民团体的代表，他生前的友好和他的学生，参加的共有四百多人。全国人民代表大会常务委员会沈钧儒副委员长，也在公祭前，曾来吊唁。各国驻华大使馆的代表，和他生前的外籍朋友，也都参加了。公祭时，治丧委员会主任郭沫若主祭，并致悼词，中国美术家协会副主席蔡若虹介绍了他的一生经历，钟灵代表治丧委员会宣布收到世界和平理事会和苏联等十七个国家的许多单位、团体、个人发来的四十多封唁电以及国内各地发来的许多唁电。他的家属，向与祭者行礼致谢后，移灵到西郊湖南公墓安葬。湖南公墓在西直门外魏公村附近，魏公村旧名畏吾村，明朝李东阳曾葬于此。中共中央宣传部周扬副部长，文化部夏衍副部长，齐白石生前友好、学生及家属等多人，参加了他的安葬仪式。墓地是用水泥砂石构筑的，墓前立了一块花岗石墓碑，上面刻着"湘潭齐白石墓"六个大字。墓的右侧，是他继室胡宝珠的墓。他逝后，各地报纸先后刊出悼念他的文字，连外国报纸，也有刊登的。

1958 年，他逝世后一年。元旦起，文化部和中国美术家协会，在北京展览馆内的文化馆，举办了"齐白石遗作展览会"，展出他一生所作的艺术精品，包括画件、画稿、手稿、诗集、画集、印谱及所刻石印，还有他生前所用的画桌、文具等。除了国家博物馆、艺术团体和文化部以及个人收藏的以外，都是他的家属，遵从他的遗嘱，捐献给国家的。遗作展览会在北京一再延期结束，结束后又到上海展出。沈阳、天津也都举办了展览会。苏联发行纪念世界文化名人的邮票，他也是其中之一。他一生的高尚品质和他的艺术成就，光辉灿烂，是永垂不朽的。

柱情承此君雅意為筆擁

付印并代為求此跋詞

此跋詩文家獨多

君家父子贈仔旦性良好

不棄氣數言呈笑不勝欣

財之至即請

篁溪同學先生善安再傳安

昨日九日

齐白石致张篁溪信

餘
记

齐白石的一生，可以说是与勤俭相始终。他一辈子持家和律己，处处不忘"勤俭"两字，他的生活，是朴素而严肃，丝毫没有过去封建士大夫和资产阶级艺术家那样奢侈、浪漫、疏懒、颓废等种种的坏习惯。他每天起床很早，夏天，清晨四点来钟就起来了，冬天，也不过六点钟。无论冬夏，他起身总在天刚放亮，晨曦未上的时候。晚上入睡，差不多在九点钟前后。除了身体不适卧床患病，和偶或在外看戏应酬以外，从没有晚起晚睡的一天。他作画是每天的日课，向来没曾间断过，从早晨到夜晚，不是默坐构思，就是伏案挥毫，尝有诗句道："未能老懒与人齐，晨起挥毫到日西。"又有诗道：

铁栅三间屋，笔如农器忙。
砚田牛未歇，落日照东厢。

一生中只有几次大病和遭逢不幸事故像父母之丧等，才停笔过几天。平常日子，偶因心绪欠佳，停了一天或三两天，事后总要补画的。他题画时尝写道：

昨日大风，未曾作画，今日作此补足之，不叫一日闲过也。

他是十分珍惜时间，不让光阴虚度的。他常对学生们讲着，引用韩退之的话："业精于勤"，自勉勉人。并说："我由木匠而雕花匠，又改业画匠，直到如今，靠着卖画为生，略有一点成就，一句话概括，就在一个'勤'字。"他的画上，有的题着"白石夜灯"四字，都是在晚上灯光之下画的。到了晚年，戴着两副眼镜，照样地工作。他这种勤劳刻苦的作风，确是数十年如一日。

他的衣食用品，向来是力求俭省。穿得既不讲究，一件衣服，总得穿上好多年；吃得也很简单，平日喜欢吃的，是"炒倭瓜酱"。他早年在家乡时候，亲自种果树，种瓜豆蔬菜，一年四季，吃的水果和蔬菜，几乎都是用自己的劳力种出来的，很少花钱去买。定居北京以后，沿着旧例，照样栽种。他住的跨车胡同宅内，有葡萄树，就是他亲手种的。秋天，客来访谈，他总要摘些葡萄，请客尝尝。院内空地，又种了许多瓜菜，尝有《种瓜忆星塘老屋》诗云：

青天用意发春风，吹白人头顷刻工。
瓜土桑阴俱似旧，无人唤我作儿童。

又题画芋头的诗云：

叱犊携锄老夫事，老年趣味休相弃。
自家牛粪正如山，煨芋炉边香扑鼻。

又云：

万缘空尽短灯檠，谁识山翁不类僧。
但得老年吾手在，芋魁煨熟乐平生。

这几首诗，都是写出他种菜的意趣。他又有"饱谙尘世味，尤觉菜根香"的诗句。三十年前，他画过一页《白菜》扇面，送给我，题着：

他日显扬，毋忘斯味。

又尝题画云：

余有友人常谓曰，吾欲画菜，苦不得君画之似，何也？
余曰，通身无蔬笋气，但苦于欲似余，何能到？

他总认为咬菜根是人之立品的要着，而所说的"蔬笋气"，确能道出他的个性。他有《燕市见柿，忆及儿时，复忆星塘》的诗句云："紫云山上夕阳迟，拾柿难忘食乳时。"他幼年贫苦，拾柿充饥，到了老年，景况虽是好了，依然不忘寒素。

他幼时牧牛耕田，又曾学做木匠，这些经历，老来非但并不讳言，而且还时常回味，在题画时，往往形诸笔墨。他画过《残蓑破笠图》，题句道：

残蓑破笠，乃白石小时物也。长大长居燕京，以避故
山兵乱，徒劳好梦归去披戴耳。

另有诗说：

奔驰南北复东西，一粥经营老不饥。
从此收将夸旧话，倦游归去再扶犁。

一日画无量寿佛像意在空心斋所画单年眠等佛像相似奉绍蕃墨不相同也 齐璜并记

无量寿佛,
133.5cm × 33cm

这是他说明自己出身于农家。他刻过几方印章，如"鲁班门下""大匠之门"等，表示他幼年学过木匠。他在七十岁左右，有时高兴，还常取出斧锯钻凿等一类的木匠工具，做些木盒等小件东西，笑着对人说："这是我的看家本领，虽说好久不动这份家伙，使用起来，有点生疏，但总不至于把师傅当年教的能耐，都给忘了。"他是处处不忘其本，所以这样热爱他的劳动。

他中年以后，名声渐渐地大了起来，认识的人多了，和当时的士大夫阶级，不断有了来往，但对于官僚们，却从不去趋承联络，反而深恶痛绝。他有题《雁来红》的诗道：

老眼遥看认作霞，群芳有几傲霜华。
陶潜未赏无人识，颜色分明胜菊花。

这首诗表明他不是随流合污的。他还有两句诗道："菰蒲安稳了馀生，谋食何须入乱群。"这"乱群"两字，可说是旧社会的确切写照。他题《画鼠》诗云：

汝足不长，偏能快行，目光不远，前头路须看分明。

这是劝人眼光须放远大，出处之间，也要注意。他题赠人的画道：

九还喜余画，余未以为贪耳。公如为官，见钱如见山人之画，则民何以安生。此戏言也，九还吾弟勿为怒。

又有《小鼠翻灯》的诗云：

昨夜床前点灯早，待我解衣来睡倒。
寒门只打一钱油，那能供得鼠子饱。
何时乞得猫儿来，油尽灯枯天不晓。

他把鼠偷灯油，比作贪官污吏的横征暴敛；猫儿治鼠，就是希望有吏治澄清、贪污绝迹的一天。另有《鸡群》诗云："成群无数，谁霸谁王？猖獗非智，奸险非良，骄鸡轻斗终非祥。"又《斗鸡》诗末两句云："生来轻一斗，看汝首低垂。"原注："鸡斗败则低首丧气。"当时军阀混战，他把鸡斗来做比喻的。

他题《不倒翁》诗，附有自注：

大儿以为巧物，语余：远游时携至长安，作模样，供诸小儿之需。不知此物，天下无处不有也。

又题《八哥》诗云：

太平篱矮无人越，八哥见羊呼盗窃。
往日今朝难概论，人人忌讳休偏说。

他是说，这些祸国殃民的坏分子，已是遍地皆是，所以他题《画钟馗》的短文道：

明镫底下想吃一点油鼠子你好大个小贼胆子八十六岁白石的胆子

灯鼠，69cm×34cm，1946 年

余画此钟馗像成，焚香再拜，愿天常生此好人。

希望有钟馗这样的人出来，消灭这些厉鬼。他题《残荷》诗云：

山池八月污泥竭，犹有残荷几瓣红。
笑语牡丹无厚福，收场还不到秋风。

又题《梅花》诗云：

花开天下正风雪，冷杀长安市上人。
笑倒牡丹无福命，开时虽暖已残春。

这是说军阀官僚们的"好景"，绝不会太长久了。他题画的诗文，很多是讽刺旧社会人物，意义深长，耐人寻味。

他的绘画艺术，既不赞成"只弄笔墨，不求形似"，又极反对"只求形似，不讲神韵"。他主张"形神俱备"，要先深入形似，然后不再死求形似，而要讲究神韵，所谓"先入乎内，再出乎外"。他所画的，无论是鸟兽、虫鱼、花卉、果蔬，甚至于山水、人物，都是他实地观察来的，绝不是向壁虚构。他题《画蟹》说：

余寄萍堂后，石侧有井，井上馀地，平铺秋苔，苍绿错杂，尝有蟹横行其上。余细视之，蟹行其足一举一践，其足虽多，不乱规矩，世之画此者不能知。

他题《画虾》的诗后附注说：

> 余少时尝以棉花为饵钓大虾，虾足钳其饵，钓丝起，
> 虾随钓丝起出水，钳犹不解。只顾一食，忘其登岸矣。

又题《画玉簪花》云：

> 友人凌君直支，前年有人赠以栀子花，故凌君画大佳。
> 余今春有门人赠余玉簪花，画亦不丑。

可见他画的，都有他的根据，不是从别人的画上抄袭来的。他幼年牧过牛，牛是他最熟悉的，画出来的各种姿态，都能栩栩如生。他曾对他的学生们说过一件故事，大意是：有一个画牛的名手，有一次画了一幅《斗牛图》，角相触，尾高举，怒态十足，自以为得意之笔。有一农夫见而笑曰：牛斗时尾夹于两股，壮夫数人，曳之且不出，今尾高举，怎能算是佳作！名手大惭，从此不敢画牛。他这话，就是说非经目睹，是要闹出笑话来的。

他题《画虾》又云：

> 余之画虾，已经数变，初只略似，一变毕真，再变色
> 分深淡，此三变也。

他的画，原是不断求取进步，他有诗说："大叶粗枝亦写生，老年一笔费经营。"并不是草率从事的。"大叶粗枝"是当时骂他

作品"野狐禅"的人常常说的，他对于这般自命不凡，而实在并没什么成就，可是嘴里却说得很像一回事的人，是很鄙视的。

他题《八哥》诗云：

能言鹦鹉学难成，松下闲人耳惯倾。
两字八哥浑得似，自称以外别无能。

又题金拱北的《栖鸦图》，有句云："声粗舌硬何人听，切勿哑哑作苦啼。"这都是指着这种人说的。

他的《生日》诗，也有句说："衰年眼底无馀子，小技尊前有替人。"他说的"馀子"，就是"自称以外别无能"的人，"替人"指的是他的学生。他的学生中，确有很多高材，称得起他的替人。

他的跨车胡同住宅，从1926年迁入之后，直到他晚年，除了临终前的一两年，住过雨儿胡同不多日子外，一直住在那里。跨车胡同的这所房屋，是北京旧式的中型住宅，不算太大。大门是向东的，平时总是关着。在1937年以后，为了避免敌伪们常来麻烦，大门上还贴过许多字条。进了大门，东屋三间是客厅，中间放着一条长约七八尺的红漆画案，另外一张方桌，四只藤椅。墙上贴有卖画及刻印的润例。润例的价码，在过去因为币值不稳定，他随时调整。他七十多岁时的润例，我还记得，其文如下：

余年七十有馀矣，苦思休息而不能，因有恶触，心病大作，画刻月不暇给，病倦交加，故将润格增加，自必扣门人少，人若我弃，得其静养，庶保天年，是为大幸矣。

白求及短减润金、赊欠、退换、交换诸君，从此谅之，不必见面，恐触病急。

余不求人介绍，有必欲介绍者，勿望酬谢。

用棉料之纸、半生宣纸，他纸板厚不画。

山水、人物、工细草虫、写意虫鸟皆不画。

指名图绘，久已拒绝。

花卉条幅，二尺十元，三尺十五元，四尺二十元（以上一尺宽），五尺三十元，六尺四十五元，八尺七十二元（以上整纸对开）。

中堂幅加倍，横幅不画。

册页，八寸内每页六元，一尺内八元。

扇面，宽二尺者十元，一尺五寸内八元，小者不画。

如有先已写字者，画笔之墨水透污字迹，不赔偿。

凡画不题跋，题上款者加十元。

刻印，每字四元，名印与号印，一白一朱，馀印不刻。朱文，字以三分四分大者为度，字小不刻，字大者加。一石刻一字者不刻。金属、玉属、牙属不刻。石侧刻题跋及年月，每十字加四元。刻上款加十元。石有裂纹，动刀破裂不赔偿。随润加二。

无论何人，润金先收。

客厅西边，有一个小院，院内种着一架葡萄，葡萄架下，养着一缸金鱼。葡萄架的北面，对着北正房，是他的画室，也是他的卧室。北房前面的廊子，装有铁制的栅栏，晚上拉开，是为了防备宵小觊觎而设的。铁栅栏内，置着一具棺木，在北京沦陷之时，深恐敌伪们无理威胁，他表示了视死如归的决心。

现在这所住宅，他的后人，有一部分仍是住在里边。

我和齐白石老人的关系，在本文结束之时，顺便简单地说一说。

他是我的世伯，又是我的老师。先父和他有同门之谊，我们交往了差不多四十个年头，一直保持着我们两代世交的深厚感情。他在1933年春天，叫我编写他的《自述》稿，原是预备寄给住在苏州的吴江金松岑丈（天翮），替他撰著传记用的参考资料。因为经过好几次波折，稿子写成了一半，就停顿下来。而抄寄给金丈的，仅仅是这一半成稿中的一小部分而已，后因金丈逝世，给他撰著传记的诺言，无法实现，他虽很扫兴，却对我说："这篇稿子，何必半途而废？"就叫我继续地写下去。这样，断断续续地拖延了十多年，直到1948年，才算有了一点头绪。却因我的高血压症，一度十分严重，不能出门，更不能动笔，这事又给搁下。我病愈之后，还想趁他健在的时候，继续地再给他记点下来，不料时隔未久，他就去世了，这是很遗憾的一件事。现在我写他的《一生》，1948年以前，是根据他的《自述》整理的，1949年以后，是我替他补记的。回想当年斗室相对，促膝谈心的情景，恍然犹在眼前，而我这篇记录他一生的文稿，没有能够让他生前亲自过目，怎不叫我感恰万分呢！他是我国的伟大艺术家，他的正式传记，还有待于更多的力量来共同完成，我的这篇文稿，不过为这个工作，提供一些素材罢了。

回忆白石老人

张次溪

忘年之交

　　我认识白石老人，是在一九二〇年（民国九年庚申）的四月，那时我才十二岁，老人已是五十八岁了。我是随同先父篁溪公到宣武门内石灯庵去拜访他的。老人刚从湖南湘潭原籍回到北京，从城南龙泉寺搬到城内。先父是王湘绮（闿运）太夫子的门下士，老人也是受业于湘绮太夫子的，他们两人有同门关系，所以比较接近。那天，我见到老人，觉得他老人家和蔼可亲。他摸了摸我的头顶，对先父说："世兄相貌很聪明，念书一定是很不错的。"他还从柜里取出几样点心给我吃，并详细地问我："在哪里上学？读的什么书？"他的态度和蔼可亲，使我如沐春风。因此，我在童龄时得到的印象，至今还在脑海里，久久没有忘掉。

　　我跟老人来往，前后将近四十年，是典型的忘年之交。尽管我们两人年岁相差很远，但是彼此很谈得来，交谊也就越久越深。我从一九二〇年和老人相识，起初尚少来往，一九三〇年以后，关系就渐渐地密切了。这四十年间，除了他自动地给我画过几幅画和刻过几方印章之外，我请他作画或刻印章，总是按照他笔单所定的价格，致送润金，从不短少分文。我替朋友代求他的作品，我也总劝朋友们照他笔单付给润金，不过请他画的画，或刻的印章，多经意些而已。一九三〇年（民国十九年庚午），老人知道我是桐城吴北江（闿生）夫子的学生，特意画了一幅《江堂侍学图》送给我，画上题了两首诗。

　　其一云：

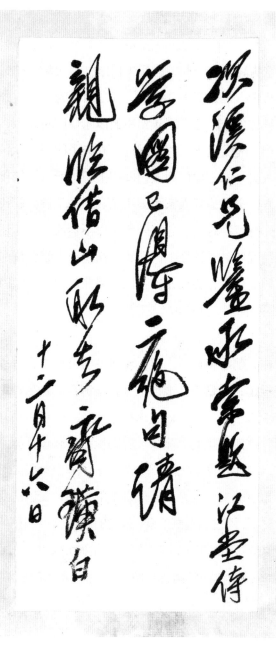

次溪仁兄鉴。承索江堂传

草图已属厚元龛写俏

观临借山吟馆去。齐璜属白

十二月十六日

齐白石致张次溪信

雪深三尺立吴门，侍学江堂今写真。

继起桐城好家法，精神直为国追魂。

（原注：湘绮师云，诗文为中华之魂魄，余句云，文章废却国无魂。）

其二云：

君家名父早知闻，湘绮门墙旧梦痕。

华发三千同学辈，几人有子作文人。

他奖掖后进的热诚，真是情见乎词。他又很重视世谊，和先父的关系，也是念念不忘。足见他老人家为人之敦厚诚挚。

一九三三年十月二日（阴历八月十三日），我和徐肇琼假座西长安街广和饭庄举行婚礼，由老人和吴北江师证婚。老人送我们的礼物，是他亲笔写的一联一诗。

联云：

夜月长圆见天德，男人无过识妻贤。

诗云：

昨夜星辰仙袂凉，有人月下与商量。

赤绳在手长如许，系汝良缘做一双。

诗后有小引云：

　　癸酉八月十三日次溪仁弟佳期，既请证婚，又想联语，再欲以诗围联，老年人喜如人意，一一为之。癸酉昨日中秋齐璜。

谑而不虐，很见风趣。我妻早年学过几年绘画，和我结婚以后，我就叫她去拜老人为师。记得第一次画的是蝴蝶，我拿去请他批改。

他题道：

　　次溪弟出示徐肇琼女弟所绘百蝶图，得二绝句。

诗云：

喜见张敞画眉初，不丑吾穷女丈夫。
能把闲情寄虫草，鬓云精室读书馀。
（我妻的字）

精神费尽太痴愚，何用乳名与众俱。
老想此身化蝴蝶，任凭门客写蘧蘧。

又尝以画雀呈政，老人略加润饰。

并题云：

雀目过于小，余为更好。未见余更者，未必能知七十三岁老翁所为也。鬟云女弟一哂。

又题画扇云：

鬟云女弟子画此扇，在未为借山门客之先。其秀雅可见也。余为补二蜂，聊加一分意趣耳。

又题画册云：

夫婿能诗，贤妇能画，伉俪外，谓为诗画一家，吾贤将作松雪之流亚欤？

又云：

次溪弟性好风雅，凡诗之属，喜求人，亦喜代人求。尝求余作画，而迟迟未报，今得贤妇能画，此一事可不求人矣。鬟云女弟有此贤夫，亦可伏案用功也。

记得那年冬天，我们夫妇到他家去，他叫我也学画试试，我辞以不会。他却大声对我说："都是从不会中学会的，多学勤学就会了。"我看他态度很严肃，又极诚恳，就在他画桌上，模仿他画的鸡雏画了两只。他看了，大为称赞，提起笔来，在我画上题了几行字道：

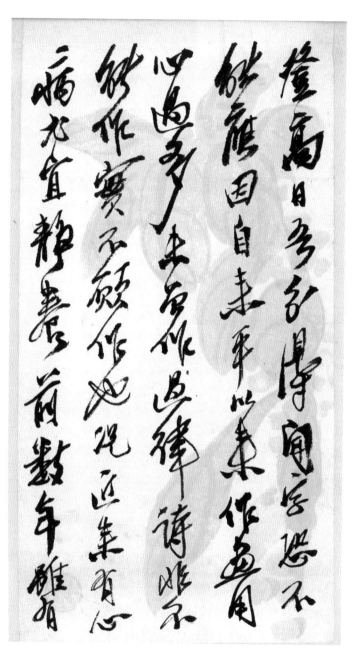

齐白石致友人信

悲老之詩改皆絕句待者乃條

老之飾事必因條乃有三飾盡

者工之飾詩者睡三飾壽者敬意

一減　重九第得用字多條

絕句詩乃枕上作也

今日与孑盦君痛
從將辛日此日要佛之

黄
那日重陽

从来论画有云，画人莫画手，余谓画鸟难画足。今次
溪弟开张第一回画雏鸡，独足可观，奇哉！

实在我画的毫无章法，学他的笔墨，不过略得形似，我妻画得
也不成熟，功力还很浅薄，他夸奖我们，是有期许的深意。

院门深锁

老人家门禁很严，不分日夜，大门总是紧紧地关上，门里边还
加上了一把很大的锁。人去访他，先由女仆问明了来人的姓名，进
去告知。他亲自出来，在门缝中看清是谁，愿意见的，才亲自开锁
请进，否则就由女仆回说主人不在家，拒绝接见，丝毫不能通融。
每天上门送水或是淘厕所的人（那时老人家里还没有自来水，也没
有卫生设备），也须经过他亲自开锁，才能进去。他晚年雇用一位
清宫遣散出来的太监做门房，门禁依旧是很严的。我和老人开始往
来时，每次去见他，往往在他门口立候好久。有一次我去叫门，他
的女仆说他不在家，他的小儿子跑出来又说他在家。我以为他存心
回避，心里很不高兴，回家后写了信去质问他，口气不太谦虚。他
回信竭力解释了一番。后来他见着我，很诚恳地对我说："你又不
是外人，以后来的时候，只要听到大门里边吾的脚步声音，你就高
声报你的姓名，我知道是你来了，就可开门请进，省掉我的目力，
可以不必伏在门缝上悄悄地窥探了。"说完，他和我都笑了起来。

老人锁门拒客，引起很多人的不满，有人说他性情乖僻，不近
人情。实际，他是深谋远虑，迫于万不得已，所以有此一举。他把

大门上锁，开始于一九三二年的春天。那时，东北沦陷，榆关失守，华北岌岌可危，敌方的军人和特务分子时常来到北平。因为老人的画在日本是很有权威的，故此他们到了北平，都慕名求见，或是设宴相邀，或是馈送礼物，无非想和老人拉上交情，随时要他作画刻印，白揩他的油。有的还要求和老人一起照相，更是想入非非，别有用意。老人的画，外间假冒的很多。有一个日本特务，就在北平用很低的价钱，专收这些赝品，并想尽方法，和老人合照了一回相。回国以后，他即大肆宣传，说和老人怎样地接近，把收得的假画以高价卖出，发了一笔不小的财。老人一向是爱国的，看着敌人横行霸道，本已愤愤不平，当然不会甘心与之周旋，因此，不得不锁上了大门，拒绝请见。他在一九三三年秋天，自序他的印草说：

> 壬申、癸酉二年（一九三二——一九三三年），世变至极，旧京侨民皆南窜，予虽不移，然窃恐市乱，有剥啄叩吾门者，不识其声，闭门拒之。

一九三七年七月以后，北平陷入敌手，敌伪威胁利诱，更是无所不用其极。老人忧愤之馀，一再亲笔写纸条，贴在大门上面。先是说："心病复作，停止见客。"后又干脆说："停止卖画。"从那时起，直到抗战胜利，老人深居简出，不和外客相见，真的停止收件，不再公开卖画。

常听人说：白石老人交朋友，是有季节性的，他交的是"四季朋友"。怎么叫作"四季朋友"呢？说是：春天交的朋友，夏天就不来往了，秋天交的，冬天也就断绝关系了。意思是：老人脾气古怪，

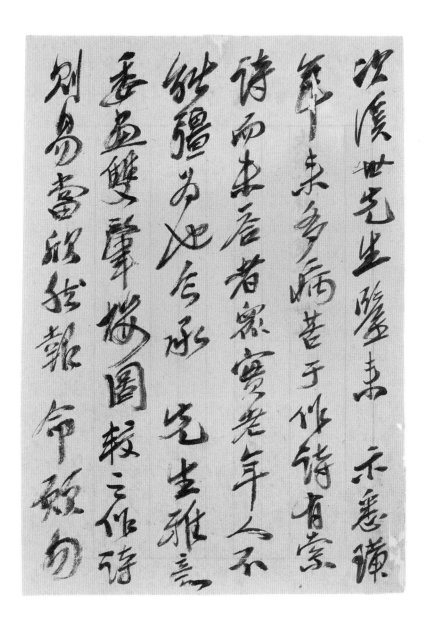

次溪世先生鑒素　永慈讓
年來多病昔于作詩有嘗
詩而未居者眾實老年人不
能彊为地气承　先生雅言
委畫雙肇梅圓栽之作詩
別为畫松松報　命頫句

齐白石致张次溪信

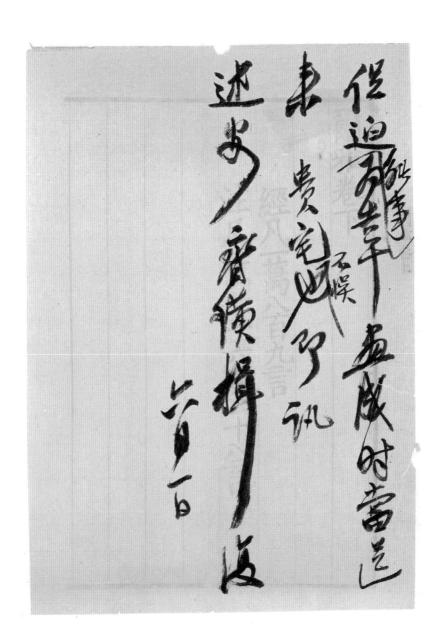

促迎 画事 半画成时当送

来 贵宅不误可讯

述之 齐璜揖 返

六月一日

喜怒无常，和朋友相处往往不欢而散，很难长久。这些话，实在毫无根据。以我所知，老人交朋友，不但有恒心，而且很热忱，尤其非常谦虚，不过他是富有正义感的，不肯随波逐流，一味地做"滥好人"而已。跟他来往的人，他不知底细便罢，假使他发现了某人品格不端、行为恶劣，他是深恶痛绝，决不肯迁就敷衍的，慢慢也就与之疏远了。这种态度，是十分正确的。我们立身处世，都应当取法于他，岂能说他交的是"四季朋友"呢？

一九三三年，老人叫我记录他口述的一生经历，预备寄给苏州金松岑丈，作为金替他撰著传记用的参考资料。他曾一再向我提及，除拟致送金丈润金外，对我也必厚给酬劳。我说："非但我不能拜领，即金丈也不会接受的。"他说："那么，金先生处，就得送他几幅画。你呢，费的心更多，至少送你几十幅画了。"我见他意极诚挚，就笑着说："等我记录完了，再说吧！"那时，有一班无聊的人，不断地去麻烦他作画刻印，却不照送润金。他在画室里贴了几张纸条。

云：

卖画不论交情，君子有耻，请照润格出钱。

又云：

心病复作，断难见客，乞谅之。

后来因怕朋友误会，把"断难见客"的纸条撕下了。撕的原因是这样：有一天，老人和我同坐了马车，到西四酒醋局胡同去访我的老师吴北江夫子，又到东四五条去访我的父执杨云史（圻）丈。第二天，吴杨二公恰巧先后去回访他，坐了不到十分钟，就都告辞一起走了。老人觉得有些蹊跷，对我说："他们二位走的这样匆忙，莫非看见我墙上的纸条，不愿多坐？"说毕，就把"断难见客"的纸条撕了下来。老人的个性，向来是不计人家毁誉的，此番能够撕下字条怕生误会，足见他是很重交谊，并非不通人情。

老人从一九二六年即迁入跨车胡同的住宅，此后一直住在这里，只是在他临终前的一两年曾一度住在雨儿胡同。跨车胡同的这所房屋是北京旧式的中型住宅，大门是向东的。进了大门，东屋三间是客厅，中间放着一条长七八尺的红漆画案，另外一张方桌，四只藤椅。墙上贴有卖画及刻印的润例。润例的价码，在过去因为币值不稳定，他随时调整。他七十多岁时的润例，我还记得，其文如下：

余年七十有馀矣，苦思休息而不能，因有恶触，心病大作，画刻月不暇给，病倦交加，故将润格增加，自必扣门人少，人若我弃，得其静养，庶保天年，是为大幸矣。

白求及短减润金、赊欠、退换、交换诸君，从此谅之，不必见面，恐触病急。

余不求人介绍，有必欲介绍者，勿望酬谢。

用棉料之纸、半生宣纸，他纸板厚不画。

山水、人物、工细草虫、写意虫鸟皆不画。

指名图绘，久已拒绝。

花卉条幅，二尺十元，三尺十五元，四尺二十元（以上一尺宽），五尺三十元，六尺四十五元，八尺七十二元（以上整纸对开）。

中堂幅加倍，横幅不画。

册页，八寸内每页六元，一尺内八元。

扇面，宽二尺者十元，一尺五寸内八元，小者不画。

如有先已写字者，画笔之墨水透污字迹，不赔偿。

凡画不题跋，题上款者加十元。

刻印，每字四元，名印与号印，一白一朱，馀印不刻。朱文，字以三分四分大者为度，字小不刻，字大者加。一石刻一字者不刻。金属、玉属、牙属不刻。石侧刻题跋及年月，每十字加四元。刻上款加十元。石有裂纹，动刀破裂不赔偿。随润加二。

无论何人，润金先收。

客厅西边，有一个小院，院内葡萄架下，养着一缸金鱼。葡萄架的北面，对着北正房，是他的画室，也是他的卧室。北房前面的廊子，装有铁制的栅栏，晚上临睡时拉开，加上锁。老人为了防备宵小，对于门户特别小心。当时我觉得他的办法不太妥当，万一火烛失慎，危险堪虞，但又不便明言，只得婉辞劝说："铁栅栏天天拉着，不但麻烦，而且搁在眼前也不雅观。防备小偷，只须门户坚固些就可以了，似乎不必多此一举。"他却答道："古人常说，宁可未雨绸缪，不要临渴掘井，什么事总得小心些好。"一九三五年七月的一天，我忽然接到他一封信，说：

前日早起开铁栅栏，忘记铁门之铁撑，阻其足，其身

一倒，邻家闻有伐木倒地声，几乎年将八十之老命死矣。今
日始作此数字，其足已成残废也。

我接信大骇，急忙去看他。方知七月四日那天上午寅刻，他在
屋内听得院子里犬吠之声，聒耳可厌，出来驱逐。匆匆忙忙地走到
廊子前面，却碰到铁撑上，栽了下去。请来正骨大夫诊治，几乎成
了残疾。他还很风趣地说："我幼时，见狗子猫儿则笑，见生客则
哭。想不到老年却吃了狗子的苦啦！"这次他足足养息了一百多天，
伤才渐渐地好了。

"借山"自号

老人生前，喜欢拿"借山"来自号，他的居室，像"借山吟馆""借
山馆""借山居"等，都离不开"借山"两字。画上题款，也尝自
己署名为"借山吟馆主者"或"借山老人"。他所汇集的《借山图》，
是他生平所作的山水精品，更为著名。他取"借山"为名，是说凡
事都可看作行云流水，"借山"就很好了，何必热衷于"买山"。
他素性旷达，即此可以概见。他的《借山图》，是根据他经历过的
好山水画进去的，共有五十馀页。尝有《拟画借山图》诗云：

徐徐入室有清风，谁谓诗人到老穷。
一事更堪夸友辈，开门长见隔溪松。

《借山图》是他得意杰构，后为友人取去借观，遗失了好多册，
他引为恨事。樊樊山（增祥）、陈师曾（衡恪）、罗瘿公（惇曧）等，

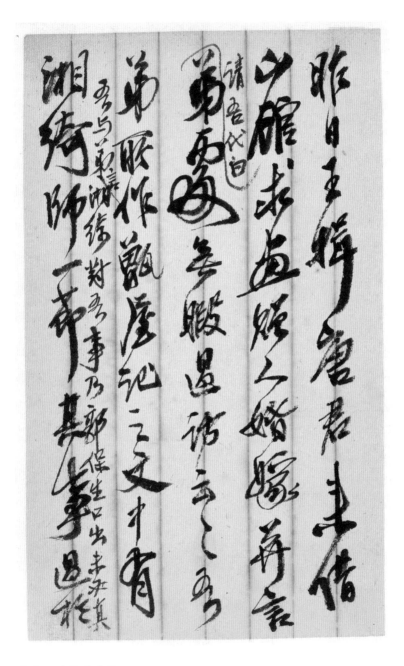

齐白石致张次溪信

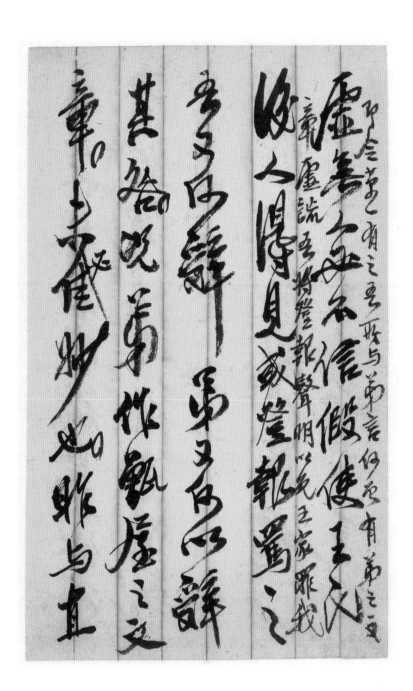

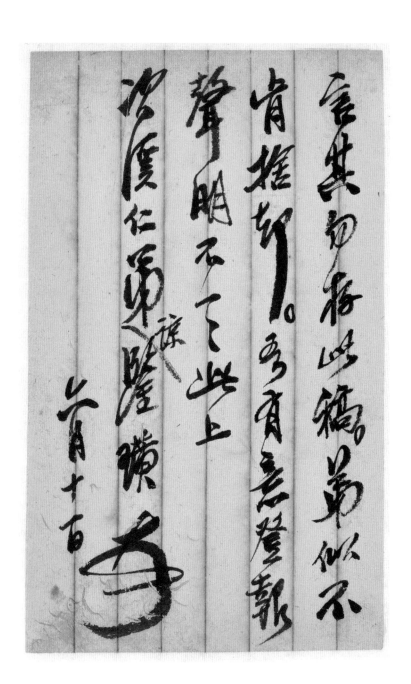

都曾在图上题诗，王湘绮也题有一词，词前附有小引云：

> 濒生（老人早年的号）仁弟属题借山馆图，为谱《琵琶仙》
> 词一曲，即送还隐。

词云：

> 无数青山，恨无处，着我松棚茅舍。租界新约，千年吾庐正堪借。
> 行早住，三分水竹，恰安顿，一囊书画。梅熟东邻，泉分西涧，应
> 结莲社。　是谁对，豚栅鸡栖，共料理，生涯问时价。袖手塘头
> 吟眺，看秋花春稼。宽寂地，奇人惯有，待共寻，沈叟（原注：吾乡有
> 沈山人，博学能诗，七十余岁老农）闲话。一笑五柳先生，折腰才罢。

湘绮太夫子的这词大概作于一九〇四年老人在南昌的时候，煞
尾两句，是说老人不愿涉足宦途，志在归隐，所以有"即送还隐"的话。

兼擅山水

老人常对人说："世人只知我画花鸟草虫，不知我早年也喜画
山水。我构思一图，力求超俗，不轻下笔。五十岁以后，就不愿再
画了。"他虽这样表示，但至交好友专诚请他画山水，他高兴起来，
有时也破例为之。我替朋友去求他，他总是欣然答应，没有一次拒
绝过。他给友人画幅上题过：

> 予五十岁不画山水，人以为不善。予生平作画耻摹仿，

自谓山水有真别趣。居燕京二十馀年，因求画及篆刻者众，
乃专应花卉。将山水不画，是不为，非不能也。

他的不画山水，有他独特的见解。他说："画山水，胸中必须
要有丘壑，非多经历名山大川，画出来一定很庸俗，其难远出草虫
花鸟之上。"又说："我画的借山图百幅，是六十岁以前漫游南北
诸省亲眼看见的景物，不同于现在人所说的文沈（明画家文徵明、
沈周，擅画山水）怎么样，四王（清初画家王翚、王时敏、王鉴、
王原祁合称"四王"）怎么样，甚至于说荆关（五代后梁画家荆浩，
对中国山水画的发展有重要影响。关仝，荆浩的学生，与荆浩并称"荆
关"）怎么样。从前人说，闭户造车，现在人却关了门造起山水来了。"
老人的画，不愿为宗派所拘束，也不愿从平铺细抹方面去下死功夫，
而要求表达出自己的个性，绝不和人雷同。所以他画的山水，意境
高远，一点没有"匠家"的气息。一九三三年他给我画过《双肇楼图》，
一九四一年又为我画过《燕归来图》，这两幅画都别出心裁，不同凡俗。
《双肇楼图》画的是万松深处，小楼一角，西山环绕其右，楼中画
了我和我妻徐肇琼对坐读书，着墨无多，而神态毕肖。他题诗两绝，
其一云：

读书要晓偷闲暇，雨后风前小惬天。
难得添香人识字，笑君应不羡神仙。

其二云：

多事阿吾偶写真，元龙百尺近星辰。

目明不欲穷千里，且看西山一角云。

诗意也是潇洒得很。《燕归来图》是用淡墨画了西山远景，一燕在空际翱翔。他题诗云：

七千绕道莫徘徊，叶落金陵秋气衰。
燕子南巢终是客，西山犹在好归来。

诗前小引云：

次溪世侄为客金陵，来函索画《燕归来图》，余知其意，并题一绝却寄。

这幅画疏落有致，诗更含有深意。他为先父画的《篁溪归钓图》，为舍弟仲葛画的《葛园耕隐图》，也把"归钓"和"耕隐"的情景曲为传出。

老人曾为我的老师吴北江夫子画了《莲池书院图》，为杨云史丈画了《江山万里楼图》，为宗子威丈画了《辽东吟馆谈诗图》，为赵幼梅（元礼）丈画了《明灯夜雨楼图》，为李释堪（宣倜）丈画了《握兰簃填词图》，都是由我转求，以文诗换得的。

《莲池书院图》是因为北江夫子的尊人挚甫（汝纶）太夫子清末掌教保定莲池书院，所以画了此图，把莲池景物画得恰到好处。老人在画上题记云：

吾曾游保阳，至莲花池观莲花，池上有院宇，闻为挚甫老先生曾掌教、大开北方文气之书院也。去年秋，北江先生赠吾以文，吾故画此图报之，以补挚甫老先生当时未有也。

北江夫子得了此图，非常欣幸，回信给他说：

　　先君主讲莲池十有馀年，北方文化，由此而开。闿生髫龄随侍，钓游于此，至今一草一木咸萦梦寐，恨不通绘事，莫能图写，以寄吾思。何意屈劳椽笔，成此名篇，不独莲花藤蔓，千古常新，而先君教泽，俨然犹可想见，且得海内第一流大师润色描摹，良足永垂不朽。闿生尤当什袭藏示子孙，永为法矩，敬志先生之嘉惠于不忘也。不尽之情统由张生次溪代达。

此图此函，可说是一段文字佳话。

《江山万里楼图》画的是冈峦起伏，水波无尽，危楼屹峙其中，气势极为雄伟。老人题诗云：

锦鳞直接长天碧，点点螺鬟远黛昏。
咫尺江山论万里，开窗都属此楼吞。

《明灯夜雨楼图》却是另一作风，画的是秋树迷濛，小楼隐约，楼窗作淡绛色，明灯夜雨，一望可知。此图他画得很经意，三易稿始成，

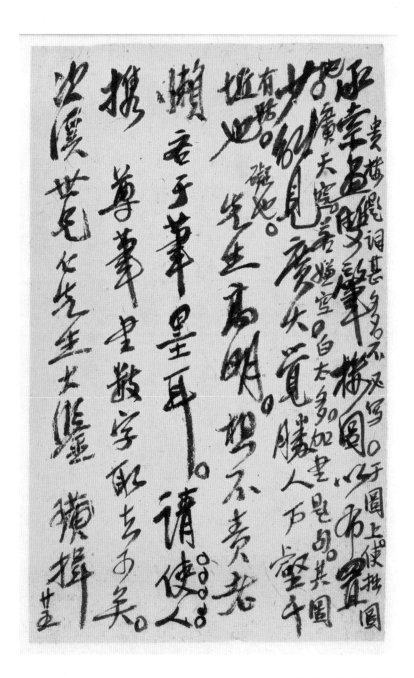

齐白石致张次溪信

我得了他的弃稿留作纪念。

幼梅丈在我留的那幅图上题诗云：

齐叟今之老画师，为我作画殊恢奇。
画成自谓不得意，竟欲拉杂摧烧之。
次溪爱画如性命，亟与藏弆勤护持。
画幅虽残神韵足，元气纸上犹淋漓。
残编断简等瑰宝，重之不啻敦与彝。
珍赏装潢置高阁，远道索我题新诗。
我储叟画张素壁，斑驳直欲惊蛟螭。
两画规模略相似，是一是二滋然疑。
世间万事一幻影，畴为真赝畴成亏。
诗成寄君当说法，此诗此画同支离。
炎炎长夏辉晴曦，南窗展读清风吹。
腐儒考古惯聚讼，质诸齐叟应轩眉。

《辽东吟馆谈诗图》和《握兰簃填词图》，点景布局也是高雅
绝伦，老人也各有题诗。他向我说，这几幅画都是他精心结构而成，
是他生平得意之笔。

一九三三年前后，我在北平研究院工作，编纂《天桥志》。老
人对我说：他一九一九年定居北京之初，住在龙泉寺，卖画刻印很
是清闲，日长无事，就常到天桥去消遣，对于天桥一带的掌故和景物，
他都知之甚详。一九一七年，曾有商人鸠赀在先农坛的东坛根，凿

池引水，种稻栽莲，辟作"水心亭"商场，设有茶社、酒肆、落子馆等娱乐场所。沿河筑长堤，夹岸植杨柳，中峙一楼，是用席木构成，建筑虽很简陋，而四面玻璃窗扇，光净明亮，可以远眺。东、西、北三隅各建草亭，八角、六角、三角，形式各异，很为别致。环亭都是流水，上跨木桥三座，桥身很高，小船可以通行其下。西堤北堤，设有木栅门，购券始得入内，夏日倒是消暑妙境。后因遭了火厄，未曾修复，其地售归电车公司，"水心亭"之名遂如昙花一现，不复可寻。事隔多年，这个地方我已有点模糊，老人却记忆得很清楚。他说：水心亭有两座比较好的落子馆，一座名叫天外天，另一座叫藕香榭，他同易实甫（顺鼎）是常去听大鼓书的。他还说：天桥的酒肆，别看它规模小，倒是很有名的。前清乾嘉年间，黄仲则（景仁）、洪稚存（亮吉）、武虚谷（亿）、张船山（问陶）等，都曾醵饮于此，各家的诗集中，皆有述及。我当时为给《天桥志》搜集材料，屡次访问天桥，老人也趁便同我去过几次，在茶社憩坐，在酒肆小酌，也曾在落子馆看过杂耍。我见他玩得很有兴味，便向他建议："何不画图纪念？"他说："从前张船山画过《天桥春望图》，近人陈师曾也画过《天桥买醉图》，似可不必续貂了。"我陆续写了好几种关于天桥的文稿，都曾给他看过，他提出了一些意见，我都采纳了。

艺术追求

老人的绘画艺术，既不赞成"只弄笔墨，不求形似"，又极反对"只求形似，不讲神韵"。他主张"形神俱备"，要先深入形似，然后不再死求形似，而要讲究神韵，所谓"先入乎内，再出乎外"。尝说："作画妙在似与不似之间，太似为媚俗，不似为欺世。"又说：

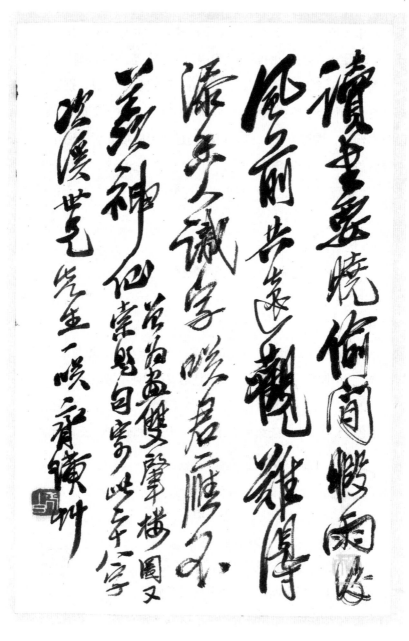

齐白石致张次溪信

"作画贵写其生，能得形神俱似，即为好矣。"所以他生平不画眼睛里没见过的东西。他说："凡大家作画，要胸中先有所见之物，然后下笔有神。故与可以烛光取竹影，大涤子居清湘，方可空绝千古。"又说："为万虫写照，为百鸟传神，只有鳞虫中之龙未曾画过，不能大胆为也。"他所画的，无论是鸟兽、虫鱼、花卉、果蔬，甚至于山水、人物，都是他实地观察来的，都有准则，绝不是向壁虚构。他题《画蟹》说：

余寄萍堂后，石侧有井，井上馀地，平铺秋苔，苍绿错杂，尝有蟹横行其上。余细视之，蟹行其足一举一践，其足虽多，不乱规矩，世之画此者不能知。

他题《画虾》的诗后附注说：

余少时尝以棉花为饵钓大虾，虾足钳其饵，钓丝起，虾随钓丝起出水，钳犹不解。只顾一食，忘其登岸矣。

又题《画玉簪花》云：

友人凌君直支，前年有人赠以栀子花，故凌君画大佳。余今春有门人赠余玉簪花，画亦不丑。

可见他画的，都有他的根据，不是从别人的画上抄袭来的。他幼年牧过牛，牛是他最熟悉的，画出来的牛，各种姿态都活灵活现。

他题《画虾》又云："余之画虾，已经数变，初只略似，一变毕真，再变色分深淡，此三变也。"他的画，原是不断求取进步。他有诗说："大叶粗枝亦写生，老年一笔费经营。"既是"费经营"，当然不是草率从事的。"大叶粗枝"是当时骂他作品为"野狐禅"的人常常说的。他对于这般自命不凡、而实在并没什么成就的人，一向不放在眼里。他尝题《八哥》诗云：

能言鹦鹉学难成，松下闲人耳惯倾。
两字八哥浑得似，自称以外别无能。

又题金拱北画的《栖鸦图》，有句云："声粗舌硬何人听，切勿哑哑作苦啼。"这都是指着这类人说的。他的《生日》诗，也有句说："衰年眼底无馀子，小技尊前有替人。"他说的"馀子"，就是"自称以外别无能"的人；"替人"指的是他的学生。他的学生中，确有很多高材，称得起他的替人。

诗的造诣

一九三二年，我替老人编印诗稿，就是现在行世的仿宋铅字八卷本的《白石诗草》。当时，他还十分谦虚地给我信说：

拙诗草事，何人肯愿出钱争购，即有世兄张罗，世兄不能担竿遍呼卖于长安市上也。乞勿用预约启，令人窃笑，千万千万！此件将来世兄代为赠人可矣。吾之拙句，赠人犹愧不堪。

王君远游归由天津来团聚，周刊其间有无传是楼诗，道白石捉诗。倘作画而白石记之不减王君居天津之住处，请吾弟告我。尊夫人平安否，此请。

齐白石致张次溪信

诗稿既付印，他自己题了五首诗，印在诗稿的前面，其第四首说：

画名惭愧扬天下，吟咏何必并世知。

多谢次溪为好事，满城风雨乞题词。

（原注："此集初心未敢求人题跋，张子次溪替人遍乞诗词，余老年因得樊山翁社中诗友数人为友。"）

翌年（一九三三）元宵节，诗稿印成，他送了我好多本，内有一本他亲笔题字：

此诗集，徽题词，择刊工，次溪弟费尽心力始成。赠此一本，题数语以纪其事也。

老人于一八八九年（光绪十五年己丑）二十七岁时，开始从师学诗，因他天资过人，出手便有佳句。在家乡拜了王湘绮为师，到西安又认识了樊樊山，诗遂大见进步。樊山屡次劝他刊印诗集。他到一九二八年（民国十七年戊辰）才印了一本《借山吟馆诗草》，是他亲笔写成，用石版影印的。收入的诗，是一九○二年（光绪二十八年壬寅）他四十岁到一九一四年（民国三年甲寅）他五十二岁的十二年间所作。我替他编印的《白石诗草》，是他四十岁以前和五十二岁以后的诗，凡是《借山吟馆诗草》所没有收入的都收了进去。

老人生前，很珍视自己的诗，常对人说他的诗比他的画好。他有《戏题斋壁示儿孙》的诗道：

窗纸三年暗似漆，门前深雪不曾知。

扫除一室空无物，只许儿孙听读诗。

在这首诗里，可以看出他是以能诗自诩的。他还时常表示：诗是凭着自己的情感，表达自己的个性，思想奔放，描写自由，才能有真实的意趣；掉书袋，或在格律上打圈转，都写不出好的诗来。他题别人的诗稿，有句说："笔端怒骂逐风来，诗不关书有别才。"他在《白石诗草》自序中又说：

集中所存，大半直抒胸臆，何暇下笔千言，苦心锤炼，翻书搜典，学作獭祭鱼也。

他主张自出机杼，不拾前人唾馀。樊樊山给他《借山吟馆诗草》所作的序文，说他追慕的是金冬心（清书画家金农，号冬心先生，善诗。为"扬州八怪"之一）一派，工力在罗两峰（清画家罗聘，号两峰，工诗。为"扬州八怪"之一）之上。老人自己却不肯承认这一点，尝有《书冬心先生诗集后》的诗道：

与公真是马牛风，人道萍翁正学公。

始识随园非伪语，小仓长庆偶相同。

他的艺术，不论是诗文、书画或篆刻，都是富有创造性的，用他丰富的生活感受，淋漓尽致地表现出来，形成一种异样的光彩。他的诗，即使或多或少地受了些金冬心的影响，也决不会汩没自己

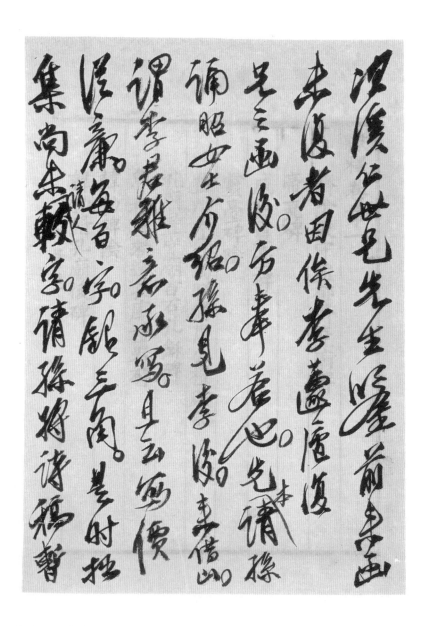

齐白石致张次溪信

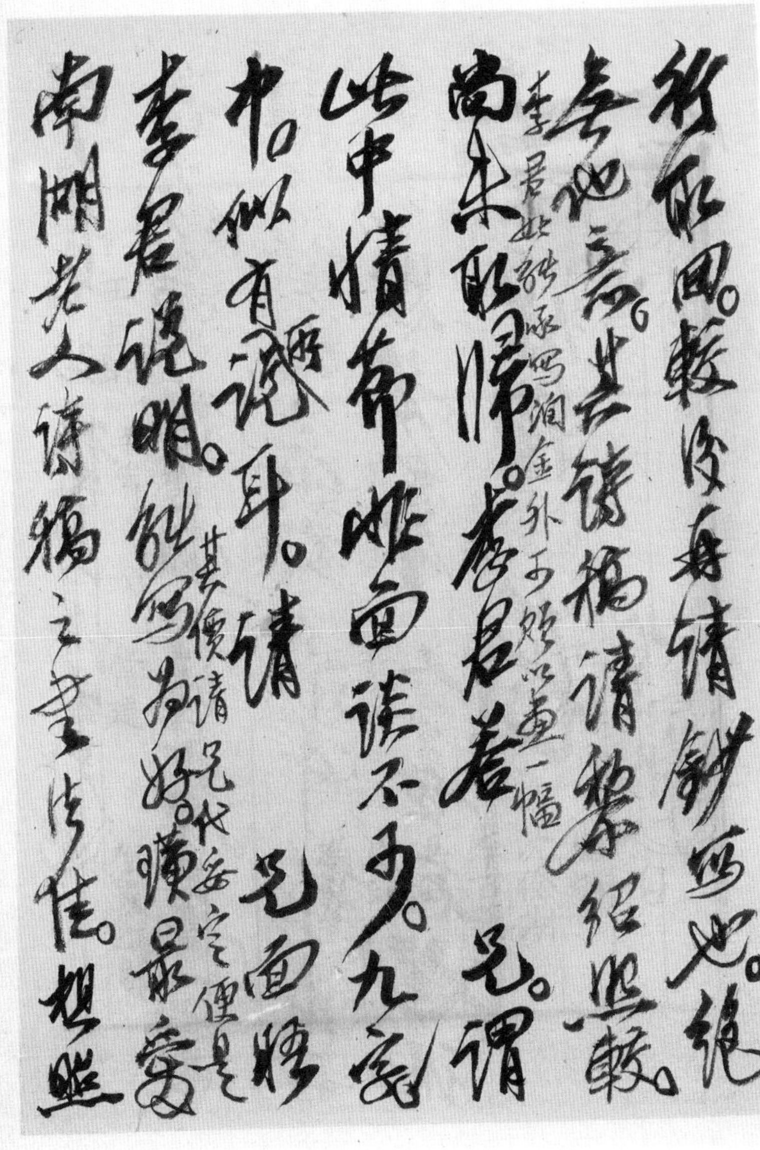

你昨回教後每情钞画也忽忽

无暇念此去镜稿情黎绍熙教

尚未取归春若若君着毛谓

此中情希婉面谈不予九妄

中似有谤耳情

寿君魂明

南湖老人诗稿之重修佳想照

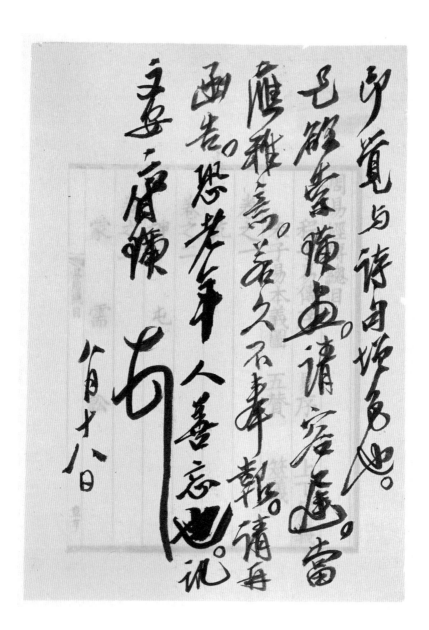

即览与诗句均交回。

毛所画横画请交还，当

汇寄雅言。若久不办，乱弹唱，请毋

函告。恐老年人善忘也。

专复并请

暑安

齐 白

百廿八日

的性灵，青出于蓝，自有他的独到之处。但老人作诗不工雕琢，声律也不细密，有时文义欠妥和写出错别字来，为此时常被人讥笑。他在题《画马》的诗里，有句说："论长说短任人狂，呼马为牛也不妨。"《白石诗草》中有一首诗说：

无才虚费苦推敲，得句来时且快抄。
诽誉百年谁晓得，黄泥堆上草萧萧。

这都说明他有魄力、有灵魂，不把别人对他的毁誉放在心上。

老人晚年诗兴渐减，自从《白石诗草》印行以后，就不甚作诗，偶或兴到笔随，为了题画，做些七言绝句之类，数量并不太多，律诗更是少见。他尝有信给我说："自来平以来，作画用心过多，未曾作过律诗，诗非不能作，实不欲作也。"他在《白石诗草》的题词里，也有句说："哪有工夫暇作诗，车中枕上即闲时。"这是在他画名盛起以后，忙于绘画、无暇作诗时所说的话。他虽有"诗非不能作，实不欲作"的话，但有时也常破例为之。我曾抄录了些，原意是想替他补刊。直到他逝世后，我略加整理，给它取名曰《白石诗剩》。

借题发挥

老人早年，是画工笔画的，中年远游归后作风一变，除了师承徐青藤（渭）、八大山人（朱耷）、大涤子（释道济）等人外，还受了点金冬心的影响；罗两峰是金冬心的高足，故老人对他也很推重。罗两峰的别号为"花之寺僧"，两峰于清乾隆间旅居京师很久。老人听说花之寺在北京南郊，很想去看看。一九三六年阴历二月间，他邀我和汪慎生（溶）同到右安门外访问花之寺，凭吊罗两峰遗迹。到了那里，只有一座三官庙，却并无花之寺这个庙宇。原来花之寺就是这座三官庙，罗两峰自称前生是花之寺僧，曾宾谷（燠）是两峰的好友，因见三官庙附近多花卉，庙门前的路径又曲折像个"之"字，所以题上花之寺的名称，写了榜额，挂在三官庙中，以应这个故事。无非是文人好事、游戏之作。我对老人说："罗两峰旅居北京时，携其次子允缵，住在琉璃厂观音阁，晚景很艰窘，听说想回扬州，盘缠都张罗不出，曾宾谷时在两淮盐法道任上，寄钱给允缵，父子两人才得回到了扬州。"他听着，感慨地说："金冬心客死汉口，也是穷得一文不名，两峰竭尽心力，把老师的遗骸运回杭州原籍安葬，又搜罗冬心遗作，筹资汇刊成集。一个贫士，能有这样风义，真是令人肃然起敬！"当下我们同往琉璃厂，访问观音阁，连去几家旧书店和古玩铺，罗两峰的遗闻轶事已是一点也找寻不到。老人不胜惘怅，叹息而归。

我曾经问老人："罗两峰画的《鬼趣图》，你看怎样？"他说："扬州八怪，都有独特的作风，标新立异，有转移时代风气的气概，这种精神，值得后人取法；决不如今之时流，开口以宋元自命，笔情死刻，以愚世人的可比。讲到鬼，世界上谁看见了鬼呢？两峰的《鬼趣图》，无非是指着死鬼骂活人，有他的用意的。笔墨机趣天然，不光是新奇可喜而已。"接着他又笑着说："我生平画了不少的不倒翁。形式姿态，各不一样，意义和两峰的《鬼趣图》有点相像，也是指着死鬼骂活人的，却比《鬼趣图》有趣得多。不倒翁随处有卖的，人人都见过，也许小时候大家都玩过，而且世界上类似不倒翁的人，到处都能见到，把它们相貌画出来，岂不比《鬼趣图》更有意思吗？"

说着，他背了几首题不倒翁的诗：

秋扇摇摇两面白，官袍楚楚通身黑。

笑君不肯打倒来，自信胸中无点墨。

乌纱白扇俨然官，不倒原来泥半团。

将汝忽然来打破，通身何处有心肝。

能供儿戏此翁乖，打倒休扶快起来。

头上齐眉纱帽黑，虽无肝胆有官阶。

他画的不倒翁，确是大有深意，题的诗，更是隽妙无比。他采用戏台上鼻涂白粉的小丑形象，手里拿着折扇，摇摇摆摆，丑态可掬：最妙的是一副眼神，真可以说是栩栩如生。他对我说："人物的神情形态，全在一对眼睛上，倘把眼睛画得呆滞，那就一点生趣都没有了。不用说作画，就说看戏吧！丑角上台，目光迟钝，呆咻咻地站着，请问这出戏，还有什么可看的呢？戏是活的，尚且如此，何况画是死的哩！把死的画成活的样子，才有意思。"我说："你画的不倒翁，再加上题的诗，把世上的臭官僚，骂得入木三分了。"他说："早先我还画过一幅《发财图》，也是很有趣的。"他从柜中取出那幅《发财图》来，原来画的是一把算盘，上面题了许多字道：

丁卯（一九二七）五月之初，有客至，自言求余画发财图。余曰，发财门路太多，如何是好？曰，烦君姑妄言著。余曰，欲画赵元帅否？曰，非也。余又曰，欲画印玺衣冠之类耶？

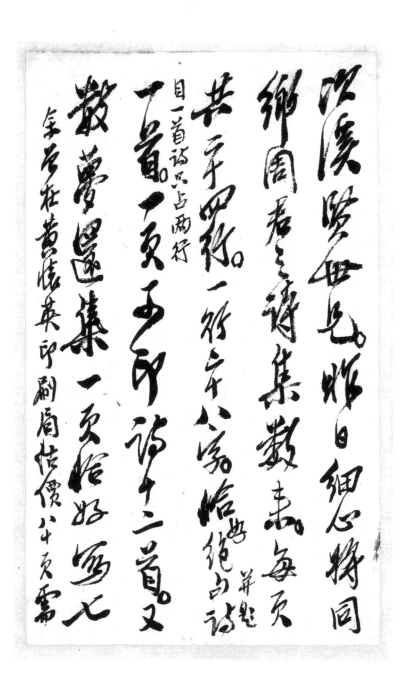

此溪贤母兄妹。曰绵怨将同乡周君之诗集数印。每页共十四行。一行二十八字。惜如绝句诗，并题目一首诗只占两行。一首一页。毛印论十二首。又数梦还集一页。恰好写八全芳在黄廊英印刷眉惜价。八页需

齐白石致张次溪信

绝壁公每页若论页数多，四尺十元，若到百页，即加……

一尺。若印石印，止两百页。印费需千……元能考……

页。印费需千……元能考。

字润古极苹情香秀雅生，说话师接拿不住……

画一求画……以作绝无物故事润金不……兑并专……画一幅，苹题记，请一并持去。扇面之字，一摺一行而已，不如二……不……横书匾。

日，非也。余又曰，刀枪绳索之类耶？曰，非也。算盘何如？
余曰，善哉！欲人钱财，而不施危险，乃仁具耳。余即一挥
而就，并记之。时客去后，余再画此幅，藏之箧底。三百石
印富翁又题原记。

"三百石印富翁"是他的别号，写在《发财图》上，更显得是
一种讽刺。他笑着说："这是借题发挥。"的确，这样的借题发挥，
可说是神乎其技了。

不入乱群

老人中年以后，名声渐渐地大了起来，认识的人多了，和当时
的士大夫阶级，不断有了来往，但对趋承官僚却深恶痛绝。他有题《雁
来红》的诗道：

老眼遥看认作霞，群芳有几傲霜华。
陶潜未赏无人识，颜色分明胜菊花。

还有两句诗道："菰蒲安稳了馀生，谋食何须入乱群。"表现
了他不肯随波逐流的傲骨。而其中"乱群"两字，更可说是对旧社
会的确切写照。他题《画鼠》诗云："汝足不长，偏能快行，目光
不远，前头路须看分明。"这是劝人眼光须放远大，出处之间，要
加注意。他题赠人的画道：

九还喜余画，余未以为贪耳。公如为官，见钱如见山

人之画，则民何以安生。此戏言也，九还吾弟勿为怒。

这真是一句戒贪的名言。又有《小鼠翻灯》的诗云：

昨夜床前点灯早，待我解衣来睡倒。

寒门只打一钱油，那能供得鼠子饱。

何时乞得猫儿来，油尽灯枯天不晓。

他把鼠偷灯油，比作贪官污吏的横征暴敛；猫儿治鼠，就是希望有吏治澄清、贪污绝迹的一天。另有《鸡群》诗云："成群无数，谁霸谁王？猖獗非智，奸险非良，骄鸣轻斗终非祥。"又《斗鸡》诗末两句云："生来轻一斗，看汝首低垂。"（原注："鸡斗败则低首丧气。"）当时军阀混战，他以鸡斗来做比喻。又在画的一幅《丝瓜乱藤》上题道："看世见乱则愁，作画能乱自喜。世之战士，亦老萍之心肝耶？"他对于当时乱七八糟的局面，是十分憎恨的。他题《不倒翁》诗，附有自注："大儿以为巧物，语余：远游时携至长安，作模样，供诸小儿之需。不知此物，天下无处不有也。"又题《八哥》诗云：

太平篱矮无人越，八哥见羊呼盗窃。

往日今朝难概论，人人忌讳休偏说。

他是说，祸国殃民的坏分子已是遍地皆是，所以他题《画钟馗》的短文道："余画此钟馗像成，焚香再拜，愿天常生此好人。"他希望有钟馗这样的人出来，消灭这些为害人民的厉鬼。他题《残荷》诗云：

齐白石致张次溪信

者见嗟此今承　世兄雅意欲
寄附诸诗人使世人知有齐璜
钞得　仍求先词手定君之
题语之诗内容请仍呈中年
作一本俱老多真资之作尚未刊
此此印顺
弟当不之齐璜
中秋后言

山池八月污泥竭，犹有残荷几瓣红。

笑语牡丹无厚福，收场还不到秋风。

又题《梅花》诗云：

花开天下正风雪，冷杀长安市上人。

笑倒牡丹无福命，开时虽暖已残春。

这是说军阀官僚们自以为"好景"的日子绝不会太长久了。

国际声誉

老人到北京，始于一九〇三年（光绪二十九年癸卯）他四十一岁时，是从西安随着夏午诒（寿田）一家同来的，住了两个来月，就出京南下。一九一七年二次重来，住了也不过四个多月又回家了。到一九一九年，他因家乡连年兵祸，军阀混战，土匪乘机蜂起，地方很不平靖，不得已避乱北行，才到北京来定居。当他初来北京时，因他所作的画近于八大山人冷逸的一路，懂得的人不多，作品就不易卖得出去，生涯很是萧索。住在石灯庵时，我见他悬画四壁，待价而沽，住室外面的房檐下，放着一个小白泥炉子，平日烧茶煮饭，冬天搬到屋内，兼作取暖之用。据他自己对先父说，终日枯坐，很少有人来问津。他为了生计，常给墨盒铺在铜墨盒或铜镇尺上画些花卉山水，刻成花样。所得润金，起初每件只有几角钱，增了几次价，才增到每件两元左右。他还为琉璃厂一带的南纸铺画诗笺，刻版印刷出售。这是因为老人早年在家乡曾和朋友们组成诗社，那时，乡间买不到写诗用的诗笺，他在晚上灯光之下，用单宣一类的纸，裁成八行信笺大小，每张上面都画几笔，花鸟草虫、山水人物，随意点缀，着上淡淡的颜色，分给社友们使用。他定居北京后，琉璃厂一带的南纸铺就常去请他画诗笺。他听了陈师曾的劝告，自出新意，创作了红花墨叶的一派，画法渐渐地改变，名声才渐渐地好了起来。一九二二年，陈师曾应日本画家的邀请，到日本去参加东京府厅工艺馆的中日联合绘画展览会，把老人的画也带去展出。这次展览很成功，连在日本的西方人也争先恐后地去参观。不仅老人的画一幅不留地都卖了出去，卖价非常丰厚，而且法国人还选购了他和陈师曾的作品，预备加入巴黎艺术展览会。老人得到这样意外的收获，曾有诗云："平生羞杀传名姓，海国都知老画家。"从此，他的画在国际声誉大起，外国人来到北京，买他画的很多。国内人见他的画能在外国人面前卖大价，也都纷纷来求他作画。于是从前的"门可罗雀"，一转瞬间成为"门庭若市"了。一九三二年，德国开绘画展览会，蔡孑民（元培）给他来电，介绍他的作品参加展览。他那时正因和地方官有点别扭，心里大不高兴，对我说："虽是蔡先生的盛意，但我不想去参加。"我认为这能提高我国的国际声誉，不可失掉时机，竭力劝他不必消极。他倒并不怪我多事，居然听从我话，选了几件作品寄了去，结果成绩很好，名声传遍了欧陆。他跟地方官闹别扭，是因为管辖他所住地区的姓殷的警察署长，时常叫他白尽义务，利用他的作品，巴结上司，几乎三天两头去麻烦他，死皮赖脸地没完没了。日子既久，他忍无可忍，只得婉辞拒绝，就把这个署长给得罪了。他向来谨慎小心，但又不甘屈服，深恐万一发生意外变故，因而担惊受怕，刻刻提防，再三地嘱咐我：听到他的电话，赶快设法营救。后来姓殷的犯了法，被北平当局处决了，他心上才像去掉了一块沉重的石头。

老人初到京时，大为一般自命"正统画家"的人所轻视，竟被他们讥为"旁门左道"，"不登大雅之堂"。他对我说过：当时有一个自诩"科榜名士"的人攻击他最是不遗馀力。我问他：这人究竟是谁呢？他只是微微地笑笑，没曾说出姓名来。但他有一首纪事诗，说：

作画半生刚易米，题诗万首不论钱。
城南邻叟才情恶，科甲矜人众口喧。

又有一诗：

百年以后见公论，玉尺量来有寸分。
死后是非谁管得，倘凭笔墨最怜君。

又似乎有点蛛丝马迹可寻。不过他既不肯指明是谁，这件公案，也只好付之传疑而已。一九三一年前后，他虽已名满天下，而毁谤他的仍所不免。那时他任北平艺术专科学校教授，又兼京华美专门学校的课。他有个方外门生瑞光和尚，别号雪庵，是莲花寺住持，画山水，学大涤子很得神髓。瑞光常到他那里去请教，他也视瑞光为自己的得意高足。京华美专校长邱石冥，也是他很器重的学生，老人推荐瑞光去任教，邱石冥表示十分欢迎。只因京华美专是私立学校，权力操在校董事会手里，有一个诨名"周斯文"的校董，原是个极腐化的官僚，不知为了什么原因，竭力反对接受瑞光。邱石

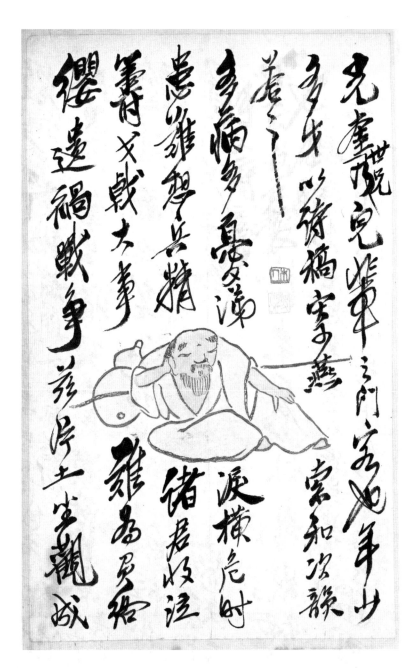

齐白石致马光奎信，留在张次溪处

效颦慕古　長城　壽始皇萬里長城在榆關夕古蹟猶在京時失守榆關

屈尺千餘里痛哭人民滿禊

偷活偷安老不知恥　鰕候我家短計

貞龍永還

慈禧雨得來晨炊亂晚煙

日赤料理遷居忘其氣采使兒輩世

上市購歸日己夕吳方食早餐因可

埋愁无梦土身終不成佛

隔西天中塵知命者知后

葛弓道

期二十年

不知何以言之矣

再活二十年谓弓当活至九十馀岁

菩薩遷

如命者谓弓命矣

此幀忘其字吴西夏

辛申小春日　齐璜

汶溪弟见之索即与之

冥不能作主，只得作罢。这个"周斯文"，向来妄自尊大，以为老人生长寒门，做过木匠，是个不学的人，因而对他的作品批评得一钱不值，说他是"不守古法，完全是野狐参禅"。老人并不讳言早年的寒苦出身，也不貌为高古，自抬身价，常说："我本是个穷人，不懂得古法，还劳周斯文废话！"为了瑞光被拒之事，他心里更不愉快，便想辞职不干，邱石冥苦苦挽留，他才勉强兼课下去。但"周斯文"的品格，他是始终看不起的。他曾对我说："若不是看他邱石冥的面上，我非得周斯文为我御车，此生决不再到京华美专去任教。"他本是性情谦和的人，轻易不跟人计较，当时因为受足了"周斯文"的闲气，也就难怪他悻悻于色了。

一生勤俭

白石老人的一生,可以说是与勤俭相始终。他一辈子持家和律己，处处不忘"勤俭"两字，他的生活，勤奋、朴素而严肃。他每天起床很早，夏天，清晨四点来钟就起来了，冬天，也不过六点钟。无论冬夏，他起身总在天刚放亮、晨曦未上的时候。晚上入睡，差不多在九点钟前后。除了身体不适卧床患病，和偶或在外看戏应酬以外，从不晏起晚睡。他作画是每天的日课，向来没曾间断过，从早到晚，不是默坐构思，就是伏案挥毫，尝有诗句道："未能老懒与人齐，晨起挥毫到日西。"又有诗道："铁栅三间屋，笔如农器忙。砚田牛未歇，落日照东厢。"只有几次大病和遭逢父母之丧等不幸事故，才停笔过几天。平常日子，偶因心绪欠佳，停了一天或三两天，事后总要补画的。他题画时尝写道："昨日大风，未曾作画，今日作此补足之，不叫一日闲过也。"他常对学生们引用韩退之"业精于勤"

的话，自勉勉人。并说："我由木匠而雕花匠，又改业画匠，直到如今，靠着卖画为生，略有一点成就，一句话概括，就在一个'勤'字。"他的画上，有的题着"白石夜灯"四字，都是在晚上灯光之下画的。到了晚年，目力衰退，往往戴着两副眼镜，照样工作。

老人的衣食用品，向来是力求俭省。穿的既不讲究（一件衣服总得穿上好多年），吃得也很简单（平日喜欢吃的，是炒倭瓜酱和丝瓜烧小鱼之类普通菜）。七十岁以前，尚能咀嚼花生，常用盐水煮了来吃，还时常买些"半空儿"（即花生，因有的有实，有的无实，叫"半空儿"）的用来待客。七十岁后，牙齿不行了，喜欢吃面食或稻米粥，荤腥更不常用，专吃些蔬菜。他早年在家乡时候，一年四季吃的瓜果蔬菜，几乎都是自己种的，很少花钱去买。定居北京以后，沿着旧例，照样栽种。他住的跨车胡同宅内，有株葡萄就是他亲手种的。秋天，客来访谈，他总要摘些葡萄，请客尝尝。院内空地，又种了许多瓜菜。尝有《种瓜忆星塘老屋》诗云：

青天用意发春风，吹白人头顷刻工。
瓜土桑阴俱似旧，无人唤我作儿童。

又题画芋头的诗云：

叱犊携锄老夫事，老年趣味休相弃。
自家牛粪正如山，煨芋炉边香扑鼻。

又云：

万缘空尽短灯檠，谁识山翁不类僧。

但得老年吾手在，芋魁煨熟乐平生。

这几首诗，都写出他种菜的意趣。他又有"饱谙尘世味，尤觉菜根香"的诗句。三十年前，他画过一页《白菜》扇面送给我，题着："他日显扬，毋忘斯味。"又尝题画云："余有友人常谓曰，吾欲画菜，苦不得君画之似，何也？余曰，通身无蔬笋气，但苦于欲似余，何能到？"他总认为咬菜根是人之立品的要着，而所说的"蔬笋气"，确能道出他的个性。他有《燕市见柿，忆及儿时，复忆星塘》的诗句云："紫云山上夕阳迟，拾柿难忘食乳时。"他幼年贫苦，拾柿充饥，到了老年，景况虽是好了，依然不忘寒素，不忘自己是在贫农家庭生长的。

老人平日居家过日子，件件事情都得由他亲自经手。门户箱柜都加上了锁，大小钥匙一连串挂在自己的裤腰带上。家里人买点东西，无论用钱多少，必须临时去向他要，他认为需要买的，才亲手去开锁取钱，从来不叫别人代劳。他深深地体会到物力维艰，对任何东西都十分爱惜，决不轻易毁弃。他作画所用的画笔，有时笔头掉落或笔杆裂开，只要还能对付着用，他总是亲手用生漆涂上，阴干后拿来再用。他做了一首《笔铭》："破笔成冢，于世何补。笔兮笔兮，吾将甘与汝同死！"他惜物的心理，简直同爱惜自己的生命一样。

向来书画家所用的印泥，都是很讲究的，因为印泥讲究，印泥的盒子也力求精致，不用古瓷，也得用细瓷。我曾在南京买得一只康熙官窑五彩大印泥盒，配有硬木座子，拿去送给老人，他见了虽很喜欢，却对我说："印泥盒子瓷的不如玻璃的好，玻璃的不吃油，久藏不变质，价格既便宜，又合实用。今人爱用旧瓷，还看重官窑，这玩的是古董，和作画张口宋元一样是装门面的。"

老人幼时牧牛耕田，又曾学做木匠，这些经历，老来还时常回味，在题画时，往往形诸笔墨。他画过《残蓑破笠图》，题句云：

> 残蓑破笠，乃白石小时物也。老大长居燕京，以避故山兵乱，徒劳好梦归去披戴耳。

另有诗说：

> 奔驰南北复东西，一粥经营老不饥。
> 从此收将夸旧话，倦游归去再扶犁。

这是他说明自己出身于农家。他刻过几方印章，如"鲁班门下""大匠之门"等，表示他幼年学过木匠。他在七十岁左右，有时高兴，还常取出斧锯钻凿做些木盒等小件东西。他还笑着对人说："这是我的看家本领，虽说好久不动这份家伙，使用起来，有点生疏，但总不至于把师傅当年教的能耐，都给忘了。"

小住张园

明督师袁崇焕的故宅，在左安门内龙潭南岸，今称新西里3号，

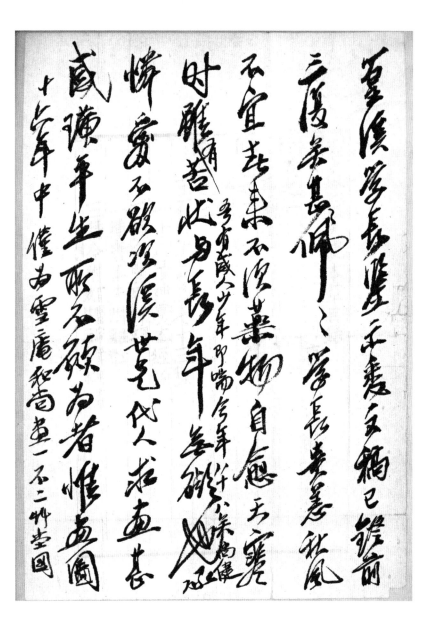

齐白石致张次溪父亲张篁溪信

凡为求者卖去应人家泽旧

余于三阅报已载有不画图数语去了有

余年七十二年尝为此求人画图成稿

图者不过为戏题

叹溪画皆题某之多见其年

少多年偶尔应之其後世先

伐旷求人题跋拙诗州凡处

者无从诉以益为报此债　圖

主有四未议任时乎报意耳

恐算世兄够我此種畫請遏

遏待如多壽乎長仰年

尚少報意兄之代崇有期矣

貴慈弟宜離室請勿出

述安此頌弟瘦籐上復

重陽後四日

内有"听雨楼"等名迹，清末废为民居，荒芜不堪。民国初年，先父购置为别业，修治整理，种了不少果木花草，人都叫它为"张园"。老人很喜欢这个地方，说此地"有江南水乡景色，北方是很少见到的，住在那里，可以洗涤身心"。先父在世时，常常请他来此消夏。一九三一年的夏天，他来住了些日子，我向先父建议，把后跨院西屋三间借给他住，又划给他几丈空地，由他去莳花种菜。他非常高兴，在屋内挂了一张他亲笔写的"借山居"横额。每天作画刻印，清晨和傍晚，常在房前屋后散步消遣。他那时画了不少幅鱼虾草虫，都是在那里实地取材画成的。有一次，我陪着他在附近池塘旁边站立了很久，我知道他是观察池塘里鱼虾活动的姿态，不去打扰他。第二天清早，他画了一幅《多虾图》，许多的草虾丛集在一起，多而不乱，生动得很，简直同水里的活虾一样，令人看着，有悠闲的意趣。这种笔墨，可算得前无古人的了。他说：这幅《多虾图》，是他生平画虾最得意的一幅。他画成之后，挂在"借山居"中间的西墙上面。到一九三三年的秋天，他又来到张园，在画上补了题跋云：

　　星塘，予之生长处也。春水涨时，多大虾，予少小时，以棉花为饵，戏钓之。今越六十馀年，故予喜画虾，未除儿时嬉弄气耳。今次溪仁弟于燕京江擦门内买一园，名曰张园，园西有房数间，分借与予，为借山居。予画此，倩吾贤置之借山居之素壁。

又在《张园春色图》上题诗云：

四千馀里远游人，何处能容身外身。

深谢筼溪贤父子，此间风月许平分。

他给我的胞弟仲葛画了一幅《葛园耕隐图》，题诗云：

黄犊无栏系外头，许由与汝是同俦。
我思仍旧扶犁去，那得馀年健是牛。

翌日，又补题了一首诗：

耕野帝王象万古，出师丞相表千秋。
须知洗耳江滨水，不肯牵牛饮下流。

诗后附跋云：

　　画图题后，是夜枕上，又得此绝句。

他说这些诗句都是他的由衷之言。他在张园"借山居"的墙上，
挂上自己的照片，作了一首《示后裔》的诗，写在相片的旁边，诗道：

衡湘空费卜平安，生既难还死亦难。
后裔倘贤寻旧迹，张园留像葬西山。

他因民初在故乡不能安居，避乱来到北京侨寓已逾十年，有家
归未得，思乡之念总是不能免的，而对于我家张园，却很有点恋恋
不舍之意。

张园的北边，有袁督师庙，也是先父出资修建的，相传庙址是督师当年驻军之所。庙东池塘的边上，有"篁溪钓台"，是先父守庙时游憩的地方，老人和先父在那里一起钓过鱼。后他同他的弟子瑞光和尚合作画过一幅《篁溪归钓图》，送给先父。并题诗云：

竹绕渔村映晚潮，西风黄叶渐萧条。
篁溪日暮持竿去，芦荻闲洲路未遥。

他在张园小住的时候，常同先父和我遍览附近法塔寺、太阳官、万柳堂、夕照寺、卧佛寺等许多古迹。袁督师墓在太阳宫东北，每年春秋两祭，我们广东同乡照例前去行礼。他应先父的邀约，也曾参加过。夕照寺墙壁上，有陈崧画的松树，笔法苍秀高古，他每去总要流连很久。而卧佛寺则相传《红楼梦》作者曹雪芹在家道中落之后，约在迁居京西香山的前几年，曾一度在这里住过。老人他慨叹曹雪芹的身世，曾经根据我作的诗，画过一幅《红楼梦断图》，并在图上题诗云：

风枝露叶向疏栏，梦断红楼月半残。
举火称奇居冷巷，寺门萧瑟短檠寒。

诗前有小引云：

辛未仲夏，与次溪仁弟同访曹雪芹故居于京师广渠门内卧佛寺，次溪有句云"都护坟园草半漫，红楼梦断寺门寒"，余取其意，为绘《红楼梦断图》，并题一绝。

他送给我的这幅图，我早已丢失，不胜惋惜之至。

一九三六年清明节的前七天，先父在张园邀集多位诗友参拜明袁督师崇焕遗像，老人也应邀而来。那时园内补种花木，还剩两棵矮松尚未下土，陈散原（三立）丈一时兴至，亲手把它种了。老人在旁看得很有兴味，笑着说："诗人种松，倒是很好的图景。"吴北江师就请他即景绘图。这幅图他画成后，还在图后题了四阕《深院月》小词，其一云：

凭吊处，泪汍澜。剑影征袍逝不还。
野水悽悽悲落日，一枝北指吊煤山。

其二云：

三面水，绕荻湾。历劫双松化翠烟。
听雨楼倾荒草蔓，一丛野菊曙光寒。

其三云：

池上月，逼人寒。龙臂曾闻系锦鞍。
从古孤忠恒死国，掩身难得一朱棺。

（原注："袁督师冤死，义仆佘某负尸藁葬于广渠门内广东义园中。"）

其四云：

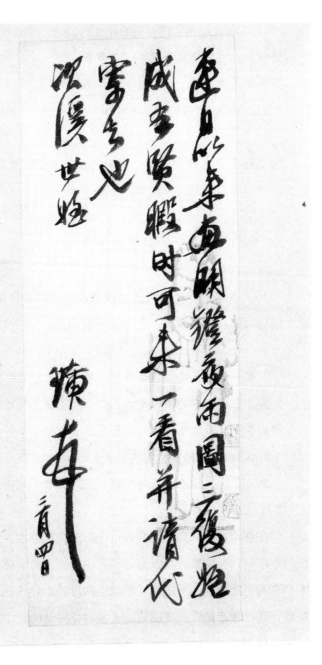

齐白石致张次溪信

坛畔树，听鸣蝉。断续声声总带酸。

玉帐牙旗都已渺，白虹紫电夜深看。

（原注："故宅北有袁督师庙，即昔之誓师坛遗址。篁溪学长藏督师遗物甚多。"）

图交杨云史丈携去题词，久未送还。云史丈逝世后，此图遂无着落，这也是很遗憾的一件事。

经营生圹

一九三六年，赛金花病逝，我倡议为之营葬于陶然亭畔，并请老人代写墓碑。隔不多天，老人给我来信说：

> 赛金花之墓碑，已为书好，可来取去。且有一画为赠，作为奠资也，亦欲请转交去。闻灵飞（赛金花的别号）得葬陶然亭侧，乃弟等为办到，吾久欲营生圹，弟可为代办一穴否？如办到，则感甚！有友人说，死邻香冢，恐人笑骂。予曰，予愿只在此，惟恐办不到，说长论短，吾不闻也。

他在那年春天，尚想在西郊香山附近觅置墓地，到了冬天，却想在陶然亭侧营一生圹。我以为老年人也许临时有所感触，随便一说，未必真的有此计划，所以接到他信也就没曾十分注意。他写的赛金花墓碑，还有我请杨云史丈撰写的《赛金花墓诗碣》，都交给琉璃厂李月庭刻石。李月庭愿尽义务，非但不收刻字工资，连石块也肯捐助。不久，卢沟桥事变突起，我离平南行。听说后来由别人主持，把老人写的墓碑和云史丈撰写的诗碣都废弃不用，改用他人所写，我就不再过问了。

一九四一年年底，我回平省亲，访老人长谈，他又谈起旧事，说："陶然亭风景幽美，地点近便，复有香冢、鹦鹉冢等著名胜迹，后人凭吊，实可算得佳话。以前你替别人成全过，我曾托你代办一穴，不知还能办得到否？"我见他为了此事，似乎盼望得很殷切，就去和陶然亭慈悲禅林的住持慈安和尚商量，慈安慨允以亭东空地一段割赠。我把和慈安接洽的结果通知了老人，老人高兴极了。过了年（一九四二），阴历正月十三日，他同他的继室胡宝珠带着幼子，由我陪往陶然亭和慈安相见，谈得非常融洽。当时相度形势，看这墓地，高敞向阳，苇塘围绕，和陶然亭及香冢恰好是个三角形，确是一块佳域，就定议了。他送给慈安一百块钱，又画了一幅《达摩面壁图》，写了"江亭"两字的横额，作为报酬。那天，我陪同他在陶然亭整整一个下午。他说："我自前清光绪二十九年三月三十日，同夏午诒、杨哲子等在陶然亭饯春以后，四十年来虽曾来过多次，但最近却已多年没来，现在旧地重游，好像见到了老朋友，倍加亲热的了。"因此，他在陶然亭前后左右都游览了一遍。香冢、鹦鹉冢的偏西南坡上，一片荒榛丛棘，游人很少涉足。半坡间有个石碑，上题"诗人王沧洲之墓"，碑阴刻着邝摩渔的题词，调寄《减字木兰花》云：

西风渐紧，一哭新亭名士尽。满目凄凉，万里秋云拥女墙。　追怀昔日，□□□□才子笔。来访王郎，鹦鹉无言蝶梦荒。

这个碑埋在荆棘丛中，我无意间发现，告知了他。他也欣然攀登，拨开枯枝败叶，细读一过。只因久被风雨剥蚀，碑上题词，字已漫漶不全，过片有四个字，模糊不清，我和他看了好久，始终没看出究竟，只可阙疑。〔校核者按：经再查，知此四字为"佳话空传"。〕他对我说："这邝摩渔定是个广东人，你可考查考查，只不知王沧洲是怎样的人？"又说："这阕减兰填得不坏，可以录存，留备后人考证。我今天也得填一阕词，你看如何？"他回去后，第二天就填了一阕《西江月·重上陶然亭望西山》。词云：

四十年来重到，三千里外重游。发衰无可白盈头，朱棹碧栏如旧。　　城郭未非鹤语，菰蒲无际烟浮。西山犹在不须愁，何用泪沾衫袖。

这词上半阕的末二句，原作"灵飞坟墓足千秋，青草年年芳茂"。他写给我时，把它改正过了。后来他又把下半阕的末句"何用泪沾衫袖"，改为"自有太平时候"，则是抗战胜利以后的事。词后附有跋文："壬午春正月十又三日，余来陶然亭，住持僧慈安赠妥坟地事，次溪侄，引荐人也，书于词后，以记其事。"又另写了一张字条给我："百年后埋骨于此，虑家人不能遵，以此为证。"在此以前，老人有一幅旧作的花鸟画，是一九一九年送给友人的，后来流落在市肆。一九三四年我于宣内小市的字画店里遇到了，便买了来，拿去请他题字。他看了，很感慨地题了几句：

甲戌，次溪世侄于沂文斋得之，求余题记。己未至今，忽忽十又六年矣，手迹犹新，鬓毛非旧，再十六年，余骨何在，谁可知也。次溪爱余手迹，能爱余骨否？

我读了他的题词，心里很感动，所以他想在陶然亭营生圹，就竭力为之奔走。后因陶然亭改建公园，原有坟墓都须迁走，他的生圹也就无形取消了。

一九五三年，先父的遗榇从城内迁往西山四平台番禺叶氏幻住园。老人知道这个消息，对我说："听说你给尊公篁溪学长和你们同乡曾刚甫等迁坟，迁到西山幻住园，这倒是块好地方，亡友罗瘿公原也葬于彼处。我想，我陶然亭生圹计划既已打消，能不能在幻住园中，乞得一席地，追附尊公及曾、罗诸君之后呢？倘能办到，他年死后，与尊公及曾、罗诸君，共此青山，泉下当不寂寞了。"幻住园在四平台北，面对灵光寺，是西山胜境，为叶玉甫丈（恭绰）的别墅。园内隙地，除了叶氏的几座坟墓之外，原只有罗瘿公丈附葬其中。先父和曾刚甫丈的迁葬，是叶丈笃念旧交，所以允许了我的请求。我受老人所托，再去向叶丈商量，叶丈慨然答应，嘱我转告，约期同去丈量地段。老人知事已办妥，高兴得很，亲笔写了一封回信，并画了一幅《幻住园图》，托我偕同他的儿子良已，面致叶丈。叶丈答了他四首七言绝句，云：

人生有分共青山，卖画痴呆只是顽。
幻住那如无住好，剩添话靶落人间。

青山好处即蒐裘，归骨何须定首丘。
漫与蜉蝣争旦暮，艺灯明处照千秋。

人表从何位此翁，屠龙刻鹄两无功。

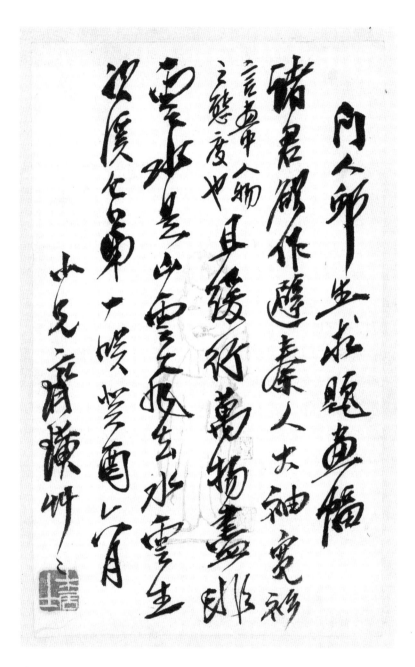

齐白石致张次溪信

藤阴醉卧无南北，更费先生酒一盅。

高冢麒麟计本迁，况兼梓泽易丘墟。
结邻有约何须买，试写秋坟雅集图。

所谓"秋坟雅集"，就是说的先父和曾、罗诸丈都埋葬于此。老人屡次对我说起，想趁天气晴暖之时，亲到幻住园察看地形，先种树木，只因病躯不耐跋涉，因循未果。一九五七年他逝世后，他的家人为他卜葬于西郊湖南公墓，幻住之愿，终未能偿。叶丈诗所说的"幻住那如无住好，剩添话靶落人间"，竟成语谶了。叶丈又有诗挽他道：

交谊谁云死卜邻，遗言一诺付埃尘。
曾罗亦是闲丘垄，谁伴吟风赏月身。

一九六〇年秋因公家用地，幻住园内先父等坟墓，又都迁走了。

交游种种

老人于一九〇六至一九〇九年（光绪三十二年丙午至宣统元年己酉）四年间，尝四度到过广东，但和粤中人士相识的并不甚多。一九一七年重到北京后，才和旅京的广东人有了往还。他最先认识的是顺德罗瘿公丈。继在易实甫丈处和先父相晤，由先父介绍，获交了揭阳曾刚甫（习经）丈。罗丈有诗题他的画册道：

青藤雪个皆神笔，三百年还见此人。

共展幸无寒具污，频看弥信掇皮真。

相过萧寺忘长昼，贻我生绡亦绝伦。

怅忆王翁此高会，花前共尔一酸辛。

老人亦有诗《得罗瘿公所书扇面，喜成五律一首》云：

破愁开口笑，喜得故人书。

天马无羁勒，惊蛇入草芜。

病非碑下死，名岂世间无。

（原注：时人谓苦临碑帖，至死不变者，为死于碑下。）

（原注：瘿公病重，有求其书于厂肆者甚众。）

一艺馀知己，尘寰德不孤。

老人的画，罗丈的字，他们二人向来是互相推重的。曾丈性情崖岸，对人不轻许可，唯独于老人却很重视，说老人的画品和诗格都是别出蹊径，不是一般庸陋的人所能及的。一九一七年冬，老人从北京回到家乡，曾丈有诗《寄湘潭齐大草衣》云：

踪迹天随似较亲，声名白石僾差伦。

菰蒲地远饶严净，风雨秋淫但隐沦。

独念灵修终楚服，颇闻高卧比皇人。

扫除一室吾何有，待欲江头岸角巾。

这首诗，非但重他的作品，并且还重他的人格；在曾丈的交游中，能获这样的称许，确是很少见的。

老人与青年画家方舟的友谊很令人感动。方舟，湖南衡山人，字白雾，一字伯雾，一九二一年来京，原是艺术专科学校的高材生，画花鸟已渐露头角。方舟思想进步，在京一面求学，一面秘密地做地下革命工作。老人对于这样一位有志的青年同乡，很是器重，时常关心照顾。方舟也钦佩他的德高望重，艺术精深，常到他家去请教。那时正是北洋军阀张牙舞爪、飞扬跋扈的时代，老人怕方舟暴露了形迹，常常提醒他随时随地特加小心。尝在方舟画的小雀画幅上题诗道：

小雀！小雀！
有翅有脚，可飞可跃。
有水可饮，有虫可嚼（啄）。
何得汝喝（渴），何得汝饥。
大江浩荡山崔巍，四面网罗勿乱飞。

诗后附有跋文云：

乙丑秋，题画小雀画幅诗，书补此幅之空。伯雾画，白石山翁题。

又题方舟画的另一幅花鸟图，诗云：

几曾闲眺出宣城，城外人家集鸟群。

世有雕笼逊泉石，羽毛堪取慎飞鸣。

诗后亦有跋文云：

> 宣武门外，有买卖鸟雀为业者，谓为鸟厂。

下加款识云："齐白石题方白雾画。"他爱护青年的深情厚谊，在这字里行间，可以看得出来。方舟临过他一幅《鼠偷灯油图》，他在画上题道：

夜夜倾灯我欲愁，寒门能有几钱油。
从今冒黑扪床睡，沉睡犹防啮指头。

诗后也有一段小跋：

> 甲子自诗画幅诗，乙丑冬十月，伯雾持此求题，即书
> 旧句。白石。

他的诗句，表面是仍未忘幼时家贫、灯盏缺油的事情，而实际却是防备歹人暗害，加以警惕的意思。"啮指头"三字，写得更见明显。方舟的画，他题的很多，奖掖青年，他是乐此不疲的。一九二七年四月二十八日，方舟被军阀杀害，年仅三十一岁。他得知消息，郁郁不乐了好几天。他题方舟的遗画，有云：

> 此小帧，方伯雾所画，其亲属请余补款，且言曰，克

罗多先生曾见过，最称许之。余知克罗多好大写，喜之无疑矣，因题记而归还。

他题方舟的另幅遗画道：

> 方伯雾，非余门人也，然所作画，尝呈余论定。自去年五六月间，绝迹不见，余以为将自大闻；伯雾没世，余始知不作画年馀矣。丁卯秋八月，伯雾亲属请余题，余记之。

方舟在艺术专科学校学习的时候，他尚未到艺专去任教，这两年方舟虽常到他家向他请益，但没拜门，所以他们二人是没有师生关系的。第二年，有人把方舟的遗画印了出来，他在卷前题了一首诗道：

> 如尘心细见毫锋，苦力求工便得工。
> 寄语九原须自惜，不应忘却寄雕虫。

他认为方舟的画是有前途的，叹息这样一位有为的青年死得太早，语重心长，情见乎词。

一九二〇年九月间，老人和梅兰芳相识，是由齐如山介绍同到梅家去的。那时，梅家在前门外北芦草园。梅兰芳正式跟他学画草虫，则在一九二五年。据说，老人画草虫是从长沙一位姓沈的老画师处学来的。这位老画师，画草虫是特长，因为没有儿子，把自己生平的绝艺，都传给了女儿，不肯传给别人。在光绪二十五年（一八九九），

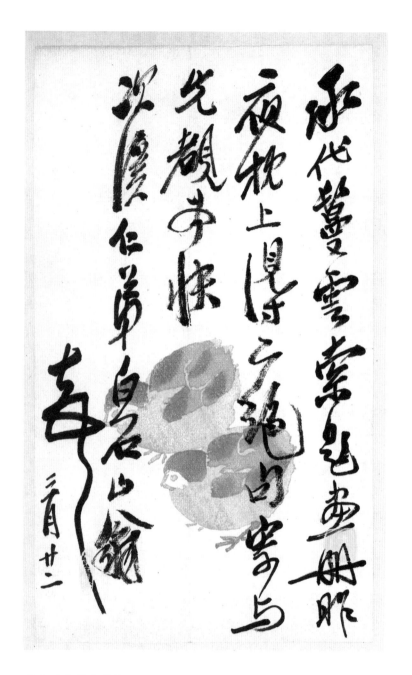

承代尊雲斎兄画册那
夜枕上得之魂自安与
先觀尤快

此順　仁弟　白石山翁

三月廿二

齐白石致张次溪信

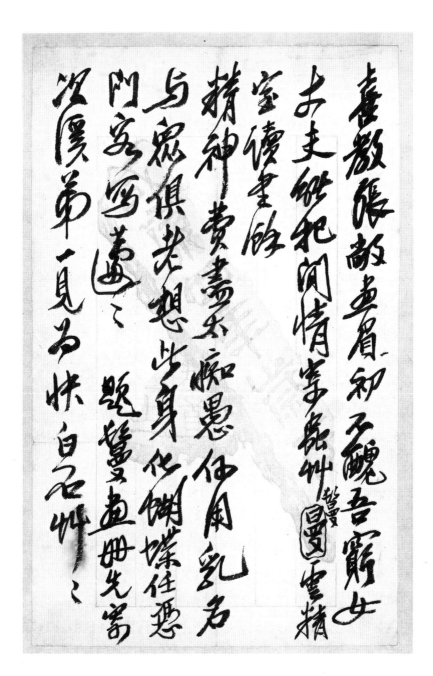

齐白石致张次溪信

老画师早已亡故，他认识了老画师的女儿，得到了老画师画草虫的底本，专心研习。后来他的草虫画就出了名。梅兰芳虽是从他学画，但他并不常去梅家。梅兰芳的书室"缀玉轩"里，经常备有很精致的笔墨笺纸和颜料印色等，是专备客人中的书画家随时挥洒用的。老人平日作画，章法构造总是十分慎重，有了腹稿，也要再三斟酌，非得认为没有什么疵累，决不轻易动笔。所谓"急就章"，他向来是"敬谢不敏"的，这原是他对作品负责的优良作风。梅兰芳交游广阔，家里常有宴会。那时的风尚，宴会多在晚上，往往直到深夜始散。老人有早睡的习惯，也就不能常去参加。他曾对我说过："听戏熬夜，还算值得，朋友应酬，大可不必奉陪。"实则另有一个原因：他是不喜欢和人多作周旋的，尤其在生客丛中，更是视为畏途。王湘绮给他印草作序，曾说他："朋坐密谈时，有生客辄逡巡避去，有高世之志，而恂恂如不能言。"有人说他性情孤峭，就是为了这一点。但是梅兰芳对他始终以师礼事之，数十年间，从未怠慢。老人自创红花墨叶的画法，所需红色颜料喜用德国出产的，所谓"洋红"。梅兰芳每次从南方回到北京，总是带一些来送给他。抗战期间，北方市场上很不容易买到洋红，梅兰芳先在香港，后住上海，也是常给他买些寄来。

老人对于我国传统的医药学也很有一些研究。我知道当今名医施今墨丈和他也有来往，曾经问过施丈。施丈说：老人的副室胡宝珠病时，施丈曾去诊治，每次去老人都招待得非常殷勤，对于病人，更是关切备至。施丈诊脉时，他在旁不厌其详地探听病情。施丈写方时，他伏在案上，一边目不转睛地看开药方，一边又絮絮地询问。他本是个很心细的人，无论什么事总要搞个彻底明白，不肯随便含糊了事。记得二十多年前，他对我说过：李时珍的《本草纲目》，他早年是用过功的，曾劝我多读些医书，于自己是有好处的。还叫我搜集史料，编一本比较详细的李时珍年谱或传记之类。我有高血压旧症，他很关心我的病情，时常嘱我多加注意，不可疏忽，还介绍了几种民间流传的草药方。他常说："用这种草药方很灵验，这是我国前贤遗留下来的珍贵经验，我们应该重视它。"他说这话，正值那时有人主张废弃中医，对此他是竭力反对的。

一九三三年鲁迅和郑西谛（振铎）编印《北平笺谱》，第五册内收了老人画的二十页：荣宝斋印的十二页是花果，李振怀刻；松华斋印的四页也是花果，张东山刻；静文斋印的四页是人物，杨华庭刻。当《北平笺谱》出书后，他非常高兴地对我说："这两位选录得很有眼力，可算是我的知己，我必须要去认识认识他们。"后来郑西谛和他见过面，鲁迅先生他始终未曾见着。老人只见过鲁迅先生的弟弟周启明，周是由徐悲鸿介绍来到他家的。徐悲鸿原是齐白石的好友，曾替他印过画集，交由中华书局出版。在此之前，老人的朋友胡君曾用铜版印过一次老人的画集，老人自己也曾用珂罗版印过一次，这两个本子，印得都不够清晰。抗战胜利初期，他自己又把临摹八大山人的几幅画印了出来，那是在徐悲鸿印本之后了。

幸福晚年

老人常对我说：同乡中对他的画几乎都很称赞，唯独对他的字，却有不少人不十分赞赏。解放后，章行严（士钊）师来到北京，老人画了一幅画送去，没曾落款，也没有题识，就是因为不知章是否喜欢他的字的缘故。实则行严师并无这种成见，这是他的多虑。行严师曾把他的近况偶向毛主席谈起，主席派人和行严师到他家里，请他到中南海丰泽园去晤见。这时是一九五〇年的四月间。据行严师事后对我说，到老人家时，老人正吃午饭，吃的是一碗面条，一小碟萝卜，生活异常俭朴。他一生都是过的这样俭朴生活，凡是跟他接近过的人，都知道这一点。那天，他见到了毛主席。丰泽园内海棠盛开，主席请他赏花，和他谈了很多的话，还一起进了晚餐。他回家后，兴奋到了极点，逢人必告，谈得津津有味。他还说："我一辈子见过有地位、有名望的人，并不在少，哪有像毛主席那样的诚挚待人，和蔼可亲，何况是人民的领袖、国家的元首哩！"行严师有诗纪事，说："北京故宫丰泽园（旧时皇城包括中南海，故章士钊有此说法），有海棠两株，各高三丈馀，庚寅三月花盛开，毛主席约余与齐白石共赏之，余即席成五绝句。"诗云：

赤制由来出素王，汉家图箓凤开张。

（原注：东汉纬学家谓春秋为汉制作，赤制字见《史晨碑》。）

微生也解当王色，粉粉朱朱壮海棠。

棠梨本色自婀娜，海外移根作一家。
莫怨东风多顾藉，却教异种出檐牙。

故苑春深花满畦，重来亭馆已凄迷。
残年不解胡旋舞，好下东郊入燕泥。

（原注：海棠花入燕泥干，剑南句。）

七年曾住海棠溪，门外高花手自题。

（原注：重庆故居，余咏海棠诗甚夥。）

高意北来看未已，分甘原属旧棠梨。

（原注：用荆公句。）

相望万里羽音沈，海曲羁人怨诽深。

几度低回旧词句，海棠开后到如今。

（原注：时余将于役香港。）

老人一生，原是从艰难困苦中经历而来，在旧时代，受尽了欺骗、剥削和压迫，直到暮年，光明来到眼前，才过着真正幸福的日子。虽说他享受幸福不过短短的几年，但是："太平看到眼中来"，他若回忆旧作的诗句，一定可以含笑瞑目了。

一九六四年

《白石老人自述》著述和出版的前前后后

杨良志

白石老人重视自己的立传

关于齐白石生平的作品很多，由齐老人口述，张次溪记录的《白石老人自述》无疑是其中最重要的一部。这是因为，1936年，当白石老人七十二岁（自署七十四岁）时，他曾写过篇《齐璜生平略自述》，大约一千五百字，从"齐璜岁龇龄，见狗子猫儿则笑，见生客则哭"，写到"营生圹于香山之阳"；1940年，他七十六岁（自署八十岁）时，他又写过《白石状略》（后改为《白石自状略》），约两千字出头，从"生于湘潭南行百里杏子坞星斗塘老屋"，至"忽忽年八十矣，有家不能归"，云云。（这里为何1936年署"七十四岁"，而四年后的1940年就署"八十岁"了，因为其间的1937年齐老人在年龄上玩了个"瞒天过海"，那是在

《白石状略》封面

他的《自述》中会详谈的。）

　　齐白石很重视自己的生平记录。这是中国达官显贵、学者文人的一个尚好。往正面说是有点历史观，想着"盖棺论定"，心里有"心术不可得罪于天地，言行要留好样与儿孙"的意识吧。康有为1858年生，比齐白石长六岁；他1898年四十一岁时就草定了《我史》——后来改称《康南海自编年谱》。徐悲鸿1895年生，比齐白石晚三十一岁；他1930年三十五岁时就在《良友》上发表了《悲鸿自述》。齐白石年老后心心念念要有一部"我史"，这不是很自然的事情吗？

《齐璜母亲周太君身世》封面

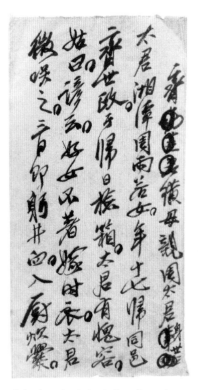

《齐璜母亲周太君身世》正文

张次溪与齐白石合影

其实，堪为"真爷们儿"的齐白石惦着给自己立传之前，1926年旧历三月二十日，在自己八十二岁的母亲周太君逝世不久，就写过《齐璜母亲周太君身世》两稿，第一件约960字，第二件约1008字，都是以"太君湘潭周雨若女，年十七归同邑齐世（贳）政"起，至"男六人，女三人，孙十四人，孙女五人，曾孙七人，曾孙女三人"止。如今这两件庋藏于北京画院的秘库里，是寻常看不见的。顺便提及的是，齐白石的父亲齐贳政，也是在1926年的旧历七月初五日逝世，享年八十八岁。令人感叹的是，二位老人逝于同一年。

一九三三年为齐老人记传开始

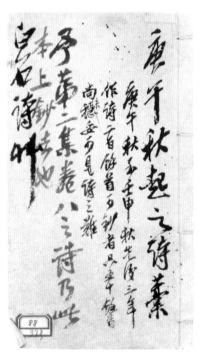

《白石诗草》稿本

齐白石立心要为自己作传，有记载的是在1933年，他七十一岁那一年。当其时也，齐老人住进自己花钱购置的跨车胡同宅院已七八年，他的绘画也达到高峰，身边结交了一众闻人，其中之一是东莞张篁溪。张曾仕民国政府司法部，其时五十六岁，是京城里政坛与文坛的活跃人物。张篁溪的儿子张次溪，其时二十四岁，才具超卓，头角峥嵘，陪着他爸爸交游，自己也少年老成，同诸多前辈大佬往还。篁溪、次溪父子二人，正是白石老人的座上热客！比如齐老人非常看重的八卷本《白石诗草》，就是这一年由张次溪操办印成，于元宵节送上齐家画屋的。《白石诗草》赠张次溪本，首页有白石老人题语：

　　此诗集徵题词，择刊工，次溪弟费尽心力始成。赠此一本，题数语以纪其事也。

　　这是当时齐老人与张家关系的记录。而关于齐老人为自己立传的事，打开《白石老人自述》1933年那一段，有如下记述：

　　谈到文字知己，倒也常常遇着，就说住在苏州的吴江金松岑（天翮）吧，经你介绍，我开始和他通讯。最近你受人之托，求他作传，他回信拒绝，并说：像齐白石这样的人，才不辱没他的文字。他这样地看重我，我读了他给你的信，真是感激之馀，喜极欲涕。我把一生经历，说给你听，请你笔录下来，寄给他替我作传记的资料。

活跃于文坛、政坛的金松岑

　　这里言及一个人物——金松岑，我们不能不提到。

　　金松岑（1874—1947年），初名懋基，字松岑，号天翮，又号天羽，江苏吴江人。他比齐白石小十岁。20世纪上半期，这金某人在政坛和文坛上星辰般闪耀，名声振于南北。他中年时期开始为《江苏》《女子世界》《独立周报》《神州女报》《小说大观》等大量撰稿，晚年又不断发表政论，编《新中国歌》，著《东斋酬唱集》《天放楼文·诗集》等。在家乡办自治学社，组雪耻学会，又任吴江教育局长、江苏省议员等。1932年，他与章太炎（1868—1936年）等在苏州设立了"国学会"。抗日战争胜利后，国民党接收大员四处劫掠，金松岑直书蒋介石，言辞激烈，为民请命。蒋读之勃然大怒，问金某是何人。一旁的吴稚晖答道："江南名士，爱国心切，宜礼待之。"蒋才放下未究。只可惜半个多世纪过去，时光的飞尘已快将这金某人埋没了。

齐白石未必是十分关心时政、经常阅读报刊的人，他一定是从身边人的谈吐与交往中，得悉了金某人的大名，并且与之有通信。金氏文名籍籍，自然端着架子不愿为一般人作传，他应允为齐老人作传，这本是互为抬举，两相欢悦的事情。齐白石为感谢金松岑的厚谊，着意画了幅《红鹤山庄图》送给对方，以纪念他们的君子之约。

由这1933年订约之后，张次溪再到跨车胡同齐家，就陆续安排齐老人的"口述工程"了。老人每每是先静思熟虑，甚至在案头的纸边边上记一些字作提示与备忘，待张次溪坐到对面拿起笔来就慢悠悠地开口……夏天，齐老人应邀到张篁溪、张次溪位于北京外城左安门内的"张园"小住，他们也挤时间做了一些对谈。在借居张园期间，齐白石画了《张园春色图》相赠，其上题诗：

四千余里远游人，何处能容身外身。
深谢篁溪贤父子，此间风月许平分。

但总的来说，这项工程他们并没有提到紧迫的日程：白石老人精神健旺，每日作画的任务还很重；金松岑主要是在苏州，他还未及拍马上阵；张次溪处于美好的年华，对燕都梨园丰富资料的搜集（1934年由北平邃雅斋书店排印出版《清代燕都梨园史料》），以及他《燕京访古录》的整理（1934年由北平中华印书局出版），都是箭在弦上……大家都有些"来日方长"的念头，这项工程启动了，但没有日夜兼程。张次溪做了几次记录，也如约将材料寄给了金先生；金当然会先搁置柜中，显然有"留待将来"的意味。如是哩哩啦啦，积三四年，张次溪倒也存下了不少材料。

1936年春，七十四岁的齐白石应四川军人王瓒绪之邀，一路上奔波两个月，到达成都。诗人陈衍（1856—1937年）、画家黄宾虹（1864—1955年）以及前边提到的金松岑欣喜相见，金当面许诺为老人作传。

《白石老人自述》对此事的记录是：

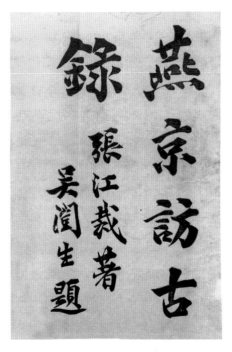

　　……叫我回平后跟你商量，继续笔录我一生经历，寄给他做参考。（次溪按：金松岑丈是年有信寄给我，也曾谈及此事。）

是年初秋，老人返回北

张次溪编著《燕京访古录》

平。没想到转过年来的小暑节（7月7日）卢沟桥事变爆发，不久北平沦陷，人心惶乱，关山阻隔，为老人做口述的事自然搁下了。

历史走过的路不平坦

张次溪说白石老人口述，一是在这本《白石老人自述》1942年那一段的按语中提及"散原太世丈逝世时（即1937年），我远客江南"；二是在1962年为这自述写《前言》中又道："卢沟桥事变突起。在戎马仓皇之间，我为了生活，到南方去耽了几年……""我旅居南方的几年中……把笔录的事搁置下来。"

请允许我们在这一节点上稍作思忖：当其时，张次溪的父亲篁溪先生年已六十，晚辈人该当奉他为"老人"来侍护了；二是次溪先生本人岁近而立，正是他迈入大有作为的壮年之始；三是他1933年新婚，1935年出生的长女张叔晖正在襁褓之中……他为什么"远客江南"，"旅居南方"，或者是"到南方去耽了几年"呢？去了南方则已，干吗还要有"为了生活"一类的"理由"呢？且认让我们在这里没做到"为尊者讳"（张次溪在北京文史研究上做的贡献是值得尊敬的）吧：张次溪曾在汪精卫的南京"国民政府"的系统中任职。这应该叫作是"失计""失着""失误"，或者"失足"吧。多有绍介张次溪的资料"讳"掉了这一点；但我们作为认真负责的研究者，以为这本是不该回避的。那么在这事上就要稍加上几句。

1938年冬，汪精卫发表卖国投敌的"艳电"。1940年春，南京伪国民政府成立。汪与蒋介石相抗衡的地盘是南京、上海等"直辖地区"和北平、天津等"华北辖区"，张次溪一开始在"直辖区"内跟着"安徽省"教育厅长汪子云手下任"秘书主任"，而且外出"视

齐白石为张次溪夫妇绘《双肇楼图》

学"；当1944年以徐州为中心的伪淮海省成立后，他出任"教育厅长"。实际上从"国民政府"成立之前，直到1945年日本战败，张次溪总体上就是与汪伪势力"掺和"在一起的。顺便提到，当他混迹于"淮海省"这段年月，亦曾编纂出《江苏通志》一书，这可称作"书生本色"，抑或是"技痒难耐"吧。民国间北京的文化人蔡省吾（闲园鞠农）曾编《北京岁时记》，张次溪为之作跋，落款就是"中华民国三十二年三月志于金陵旧天王府"。

一个知识分子、一个政治上比较活跃的人物，有所追求，有所企盼，争取占据更高的地位，愿意发挥更大的作用，于是又有所仰靠，有所依附，这在大动荡的变乱年代是常有发生的事。但就怕断错了时势跟错了人，误入歧途而连连告"失"的教训是不少的。张次溪努力追随汪精卫，因为汪自命堂号为"双照楼"，张就也命堂号为"双肇楼"（他一名张肇演，夫人徐肇琼，以此"双肇"），并且编纂《汪精卫先生行实录》等，史料斑斑可证。

这一节所述内容，不是本文的重点；但它又和为齐白石记口述有关，我们姑略言及。一位士子在风波激荡的乱世曾迈错了脚步，也不是什么

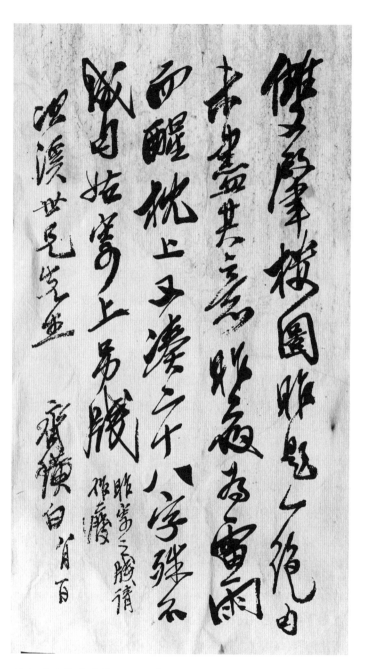

齐白石致张次溪信，1933 年

不能理解的事。但一个岭南人，几千里外仆仆来到北京，从此为北京的历史文化的资料收集整理忙碌了一辈子，这仍是令人们尊崇的。

2017年早春以来，因为我供职的北京出版集团责无旁贷地要着眼"北京历史文化"这一领域，那么也就必然而然地会关注张次溪这位研究者，于是进一步也就想推出张氏所编著的一些书，这样我就加密了与张叔文的联系。张叔文，张次溪三个女儿一个儿子中的那个儿子，1948年出生，"文化大革命"爆发那一年他十八岁，父亲去世那一年他二十岁。而我们2017年"加密联系"（实际上自1980年以来我们断续有联系）的时候，他已是年近七旬的老人了。所以，我们在交谈的时候，完全地采取客观的历史观，直面那些或许并不令人开心的内容。每每言及此，张叔文的面容，严肃而平静，宽阔的脑门微微皱起："历史，就这么走过来的呀……"

话题再回到为齐白石作口述史上来。

1945年张次溪回到北平，当然对自己"淮海生涯"是极力回避的。幸好当时在北京坐镇的，是蒋介石的干将傅作义，张次溪投在傅的帐下做幕僚，每每出面为高级军官讲点文化课。齐老人愿意张把口述继续记下去，因为金松岑已于1947年病逝，齐的意思是索性你张某人把这事一任到底吧。张于是恢复了七八年前的旧务，又隔些时日就到跨车胡同记一次老人的叙谈。张在齐口述《前言》中说："我因为职务羁身，不能常常前去。"这里所说的"职务"，就是指当年在傅作义手下这份差事。"后续工程"进行得也并不多，中国大陆上蒋介石政权江河日下，风雨飘摇；齐白石自署八十八岁，说话长了已显精力不济；张次溪四面腾挪，四十岁上已患高血压症……口述记录的事遂告"不止而止"了。留在张家的，是一叠厚厚的记录稿。

《白石老人自述》出版不容易

中华人民共和国成立，张次溪背着大家可以想见的"历史问题"包袱，生活下去，养活一大家子人迫在眉睫。老朋友、辅仁大学（1952年转为北京师范大学）的陈垣（援庵）（1880—1971年）怜惜旧交，给他在历史系安排了个资料员的差事。他埋下头来尽心公事，也难以像过去那般再环侍齐白石。而齐氏老人呢，有毛泽东、周恩来、徐悲鸿诸公关照，老树发新枝，夕阳无限好，每日里要应接的事也绝不少。张次溪记录的传记且不提了吧，但老人家仍惦着自己"盖棺论定"的事。艾青的《忆白石老人》一文，记录的是中华人民共和国成立初期他与齐白石的交道，其中说到齐老人请他代为写传记的事——艾知此事繁冗，又公务压身，当然未有应命。

1957年，国家的事云谲波诡，诸多的文士流年不利。张次溪脑溢血突发而卧了病床，齐白石于9月16日告别人世。接踵而至的是可怕的大灾荒。《白石老人自述》的事自然就搁下了。

1958年，张次溪连同弟弟张次篁，一起捐掉了自家的"张园"。那时节全国都进入"大跃进"的节拍，连故宫都有人撺掇拆掉呢，张园还怎能留？这举动无疑是一种"趋时"，也是张家"积极"的"表现"。转过来1959年，他供职的北京师范大学历史系愣是将他"裁"退了！人不过是在五十岁上呀。这件事见于顾颉刚1959年7月12日日记：

> 又闻希白言，张次溪为白寿彝所裁，生活大成问题。寿彝独不记以前困厄时耶？

出现这种状况，是大形势使然，恐陈援庵也是救不了的。谁让你有那么大的"历史包袱"，又罹患重病了呢！

张次溪怎么办？养病当然是第一；但他确实面临着"生活大成问题"的困境：夫人并无工作，下面三女一儿，四个孩子。五十岁的男人，养家糊口成为第一要务！

别无长技，从笔杆子下找钱花是唯一办法。但走这条路并非容易。这种难处我们通过周作人与曹聚仁（1900—1972年）的通信可见一斑。"四月八日"周致曹的信中说：

> 高君嘱代张次溪君拉稿，而稿件不准出口，故只能照例请大公报办事处代劳，转到报馆了。张君病高血压，颇为严重，本不写稿，当劝以旧稿易钱（假如可以易钱），俾在港买药……

一次信未解决，"五月十九日"周又催曹：

> 昨接高君回信，云张君稿件仍未收到，乞赶快一查示覆。因那件系由弟负责，非俟高君收到后不能脱干系也。此稿系高君嘱我去拉来，因无副本故挂号……当前去问邮政局的挂号处也……

这里周作人的语气，比催问自己的稿件还急迫。为什么？一是确实张次溪家困难压头。二是周与较他小十三岁的张次溪夙有交谊。若为这"二"做一点解释的话，简说是：20世纪30年代他们就颇多交往；

聚仁兄：

日前字一行，想已收到。兹有琐琐一事，即不日有

稿一件，当由广州字，至罗兄处，请顺代收，再转交高（计三篇）

伯两兄。因高兄嘱代张次溪兄托稿，此稿件不能出以

故只得照例请左右损劳，持到报馆～张兄代劳，持到报馆～

扁高鱼屏、拟为屏率，本不字稿，当劝川旧稿易钞（很为可

（易钞）倩左鬼买纸，此事当与高兄商～此～即请

近安

四月八日　乍作人许

周作人致曹聚仁信

1951 年，新政权建立之初，背着历史包袱的张次溪就找同样"背包袱"的周作人为其所著《天桥志》写序；后来张又不断有从宣武门外的烂缦胡同到西直门内的八道湾探望周的行动；1962 年张脑病复发，他在致周的信中做了报告；及至 1966 年 4 月，风声鹤唳，周作《八十自寿诗》，还不忘寄了张一份……

周作人与曹聚仁的通信，反映了内地与香港文化界的一种互动。比如，于 1948 年复刊的香港《大公报》，于 50 年代、60 年代竟办得风生水起。在这块土地上滋长出罗孚、严庆澍、金庸、梁羽生等大树，还有才具卓异的陈凡——他一点也不"凡"。

陈凡（1915—1997 年），广东三水人，他 40 年代初进入《大公报》，50 年代为副总编辑，分管副刊，曾以"百剑堂主"之名写武侠小说《风虎云龙传》，还与他副刊中的两位编辑金庸、梁羽生合著《三剑楼随笔》。他以"陈少校"笔名写出的《金陵残照记》，与《金陵春梦》一起一时热读。他中年以后作旧体诗，曾与章士钊论诗引世所重。他的诗集《壮岁集》，钱锺书、饶宗颐作序，黄裳作跋。后又印《出峡诗画册》，亦得好评。香港收藏家、出版家许礼平说陈凡"性情中人，双目炯炯，喜怒形于色，疾恶如仇"。

在陈凡的主持下，1959 年 5 月 17 日，《大公报》的《艺林》副刊锣鼓登场，开始多发港、澳、穗作者的文章，逐渐地，就扩入了京、沪等地的文章大家。60 年代初，陈凡每年都要进内地一两次，寻朋访友，枝枝蔓蔓，努力开掘写作精英。北京的章士钊、叶恭绰、陈援庵、周作人、启元白，上海的瞿兑之、沈尹默、谢稚柳、钱君匋、郑逸梅，广州的容希白、冼玉清，等等，都成为《艺林》的撰稿者。正如陈凡的好友、时任上海《文汇报》文艺部主任的唐振常所说："陈凡是个有心人，办事极为认真，旁人之所不可致者，他优为之。"

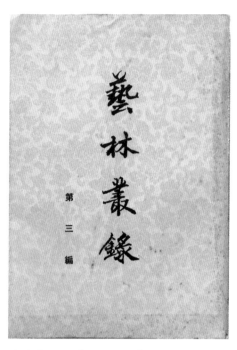

香港出版的《艺林丛录》

陈凡到北京来，顺藤摸瓜，见张次溪，携走了《白石老人自述》——这一包手稿，在张家已放置十年上下了。

陈凡"双路并行"：1961年9月，由他辑成的《齐白石诗文篆刻集》在香港上海书局出版；同月17日的《艺林》专版上，发表了他撰写的该书的《辑后记》，其上说，书中的《白石老人自述》较之于过去的一种《齐白石年谱》，"是直接的"，"更为具体而亲切"，"是第一次发表"。也就是这天的同一版上，还刊载了张次溪写《齐白石先生治印记》一文，又抛出了《白石老人自述》的一小段节选——可视之为先举出一块肉，请你"尝鼎一脔"吧。

张次溪与陈凡相配合的这一举动，功莫大焉！没有它，在时代的大风雨中，《白石老人自述》这份史料不过就如一片树叶，随时可能被雨打风吹去；倘如是，我们或许能知道齐白石曾请金松岑为自己写传的"影子"，但它早已在飓风的吹击下一丝一毛也没留下！

"自述"全文的末尾，陈凡做了这样的说明：

> 齐白石七十一岁时，曾乞吴江金松岑氏，备作传记取材之需，中因世事推移，或作或辍者再。及齐氏晚年，体

力就衰，难于久坐，又复屡续屡断，故八十九岁以后之事，
尚未整理完成，自述暂止于此。

　　香港出了齐白石的书，内地当然关注。哈，这倒是个不错的东西！
抓齐老人这一题目，最高领导人认可，又不关乎时政，确是个好选
择。最先做出反应的，当然是新闻界。《文汇报》唐振常赶快问陈凡：
写齐白石的这位张某人何在？陈凡答：就在内地，北京宣武门外。
唐振常赶快让《文汇报》驻京记者寻到张次溪，"抢"稿子。大病
未愈的张次溪难得有这样的高兴事：香港出了书，上海又来约稿，
他迅即答应了为《文汇报》"备"点稿子。

　　写什么呢？对方是从关于齐老人的稿子问起，自己又与老人家
有几十年的交道，那就再写齐白石吧。好在，陈凡那边也还是要求
继续提供这方面的稿件的。

　　张次溪抱病繁忙起来，他"兵分两路"。一路，为陈凡写，继
《齐白石先生治印记》之后，又次第有《齐白石与广东人之关系》《谈
齐白石〈借山图〉》《齐白石与瑞光和尚》各篇。另一路，则是一个"大"
工程。习于案头摸索的张次溪决意做这样一件事：当年记录齐老人
口述中断，是没想到，是没奈何，是不得已，留下永远的遗憾！现
在老人已去，口述不可再得，我何不换个角度，由"我"转为"他"，
用第三人称，索性从头写个我笔下的齐白石吧。对于一个生来以笔
杆子为业的人来说，这个想法不难产生。当然还是顺着年代从齐白
石出生写起，但这·回能把上一书只记到 1948 年的缺憾补过来，一
直写到老人的过世了……

　　1962 年 7 月 15 日至 10 月 30 日，上海《文汇报》分八十期连载
了张次溪记述齐白石的新作——这次名之曰《齐白石一生》。

内地的出版界理当也不会木然。1962 年 10 月，北京的人民美术出版社推出了陈凡辑本中的《白石老人自传》(书名改"述"为"传")。该书的"出版说明"交代：

> 《白石老人自传》……由于老人年老体衰，到八十八岁时（1948年）终断了。1949 年全国解放，他……仍不倦地从事艺术活动，直到逝世为止。这一段时间，在老人生平中是很重要的一个阶段，其中有许多值得记述的材料，还有待于今后整理补充。

1961 年 9 月，香港出版《齐白石诗文篆刻集》，之后《大公报·艺林》又发有张次溪介绍齐白石的其他文章，张家困苦的生活得到缓解，

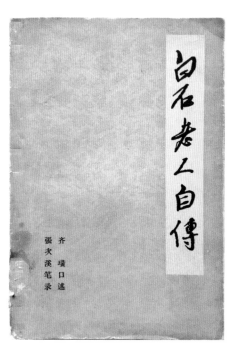

人民美术出版社《白石老人自传》

严冬里增添了些许温暖。接着张次溪赶写《齐白石一生》的稿子，1962 年初夏，他的脑病不幸复发，重又只能卧床。在这苦捱的日子里，《文汇报》连载他《齐白石一生》，以及人美社出版《白石老人自述》，又给他注入比任何良药都巨大的力量。回顾张次溪不平凡的 1961 年、1962年，用"悲欣交集"来概之是可以的。

1963 年春以后，张次溪的病体稍得恢复，他就又挂

杖参加了社会上纪念曹雪芹逝世二百周年等一些活动。对于《齐白石一生》，他并不满意，总觉得为赶着报纸发表，有不少地方写得"糙"了一些。人美社出《白石老人自传》时不是说1948年以后齐老人的材料"有待于今后整理补充"吗，张次溪设想，我有必要把后来这本《齐白石一生》再打磨、修理，甚至重新叙写一遍，再交人美社出版也是很现实的。于是，在疗病、社交之馀，《齐白石一生》的"再写作"，又在进行中。

香港《齐白石诗文篆刻集》

一个知识分子，一个终生以编写、著述为最尚的人，其顽强的意志、不懈的追求，还是很令人感动的。这样，到1965年，《齐白石的一生》（题中加了一个"的"字）手稿四大册，已置于人民美术出版社画家、编辑卢光照（1914—2011年）的案头，上面已有卢先生的改动——显然，人美社已投入编辑流程，列入正式的出版计划了……

1966年，神州大地起风雷。张次溪在北京宣武区烂缦胡同东莞会馆的住所遭"查抄"，一万七千多件书册资料被封存。已经出版的《白石老人自传》不敢再露头了，未曾出版的《齐白石的一生》手稿已退回张家，一同遭劫。张次溪本人，1968年9月9日病逝，不过才六十岁。

风偃雷息。

1986 年 12 月，《白石老人自述》（请注意这里用的是"述"）在岳麓书社出版——这可以说是"自述"在中国大陆出的第二种版本。是著名出版家钟叔河把它纳入了《凤凰丛书》，"出版前言"中说，为的是"既飨读者，也藉以表示对乡前贤的深深纪念"。

自此之后，随着改革开放的深入与文化出版的发展，山东画报出版社（2000 年 7 月），广西美术出版社（2014 年 10 月），文化艺术出版社（2015 年 1 月，以《余语往事——齐白石自述》名之，署"齐白石著"）都出过这本书。而且，绝不止上述几种，这里不过是举其要者而已。

关于《白石老人自述》说到这儿先告一个段落，下面还会再提起它；我们且把话题转到张次溪的另一本《齐白石的一生》上来。

1978 年，被"查抄"的一万七千多件书册资料"发还"了。从 1966 年到 1978 年，十二年故物返回，张家人感慨万端。接收这些东西的，是刚进而立之年的张叔文。1949 年以后他父亲的遭际，不会给他带来什么"荫庇"，他也没有再如祖、父那样从事文史方面的工作，而是遵从"分配"在厂子里做工人。当然，他上面还有三个姐姐，但大家各有其忙，这事还是以叔文为主。那时候，张家早已从东莞会馆"腾"出来了，叔文住在不远的沙栏胡同窄小的偏屋内，本本册册堆得他一半住室从地面到顶棚几无间隙。张叔文在父亲生前好友，中国书店的雷梦水、郭纪森等的协助下，对这些资料粗做梳理，《齐白石的一生》四册手稿有幸得以拣出。是张叔文亲自拿着这四册手稿推进了它的出版事宜。1965 年曾计划出版这部书（卢光照不是已经阅改过吗）的人民美术出版社、1985 年成立的北京燕山出版社，都有过推进出书的操作，最后，人美社在 1990 年 8 月将《齐白石的一生》初版印出。

岳麓书社《白石老人自述》　　　　山东画报出版社《白石老人自述》

广西美术出版社《白石老人自述》　　文化艺术出版社《余语往事》

人民美术出版社《齐白石的一生》

说实在的，历史细节的复杂往往让人料想不到：一般很容易以为，这《齐白石的一生》不就是《文汇报》连载的《齐白石一生》的图书版吗；究其实非也，乃是张次溪不厌烦，不惧难，完全重写的本子！若没有这一点，"退赔"以后张叔文手里那四本《齐白石的一生》的手稿也就不明所以了。事实的真相在历史的银幕上匆匆闪过，我们稍不细酌，可能就将它们混淆了。青年学者宋希於，于史据书证是多下功夫，曾找来1962年《文汇报》连载《齐白石一生》的内容供我与后来出版的《齐白石的一生》书页相比对，这才弄清楚其前前后后的演化。尊敬的读者诸君，麻烦您读到这里，要稍为之多绕点脑筋了。

为什么再出《白石老人自述》

现在，该要回答本文写作最开始时就要与读者交流的问题了：不是说《白石老人自述》已有上述的种种版本出在先，你们这番还劳人费马，费劲巴拉，再出这本书干什么呢？

好的，这也正是我们要说明的事情。

最突出的一个问题是：一般的读者（而非专业、专项的研究人员）拿过《白石老人自述》来，当然是想要了解老人家的一生的；而这本书只记到1948年说"只得叹一口气，挂出'暂停收件'的告白了"为止，后边还有九年呢！读者看到这里，大多"只得叹一口气"，没想到它"半半拉拉"就断了，感到"不接气"。除了少数读者还会努力找来"后半截"再看，忙忙碌碌的大多数人也只能就此撒手了。

这是读者的遗憾，应该说也是出版者的遗憾。出版者调过立足点来，先想想读者需要什么，怎样为读者服务得更好，这是起码的要求。

不是《白石老人自述》只记到1948年吗，但《齐白石的一生》记到了此后的九年，一直写到1957年的。况且，这两部书基本上都是按"编年体"，按照年头顺下来的，叙述的风格大体相谐。用第一人称是前者，用第三人称是后者，实际读的时候，这一转换在理解上根本不成"磕绊"。

考虑了这些，当启动这本书的时候，我就与张叔文商定了这一办法：前多一半，用"自述"；后少一半，用"一生"补上；俾为读者提供一个"全璧"。也就是说，《白石老人自述》的版本是不少，但现在这种"读一册而知其一生"的办法，是给读者提供了方便。

还要说明的是：从20世纪60年代，到新世纪的近几年，半个多世纪以来，出版界的前辈，以及尊敬的同行们，大家是已做出了各自的努力，但业已出版的《白石老人自述》诸版本，或此或彼地还留有一些瑕疵啊。且容忍我在此交流并讨教吧：

一、是《白石老人自述》，还是《白石老人自传》？"齐白石口述，张次溪笔录"，这是一种科学的表述，把"自述"改成"自传"，不准确。全书当然是口述者的色彩，但更留下了笔录者的文风呢！

二、还是说书名。新出的一本书将书名"创新"为《余语往事——

齐白石自述》，署"齐白石著"。"余语往事"，"纂"出这名儿用心良苦。但"余"一字久来聚讼纷纷。它一是"余"，当"我"来讲。"我来说往事"，齐白石或张次溪会取这么个书名吗？"余"二是"馀"，当"多馀""馀下"讲。稍多读书的人都知道有本书叫《多馀的话》，白云黑狗，大是大非，盖棺而不论定。"馀下的话来说往事"，这哪里是齐老人、张次溪的本意。署"齐白石著"，这明明是肆意胡闹，视笔录者张氏为无物不说，凭什么硬是绑架着九泉之下的老人来把著作权搞乱呢。

三、有一本书中内文排了书名《白石老人自传》，紧接着编者"好心好意"地在书名下加了个注释"（1）"，然后在当页脚注上说"此文作于 1936 年"。哪里能来得如是轻忽？原本没什么注，编者倘要"锦上添花"加点"新"的东西，多么郑重的事！其实往下读几行，就赫赫然有"一九三三年的春天……老人就开始自述他一生的经历，叫我笔录下来"，"到一九四八年为止，把前后断断续续所记的，凑合在一起，积稿倒也不少"，等等，我们编者加这个注，是连这几行文字都没看，完完全全靠"想当然"耶？是有"画蛇添足"的旧说，这岂不是"画蛇添绳"，把自己吊起来出丑吗？

四、当这部书首次面世的时候，卷首是有篇张次溪撰的《前言》的，对自己与白石老人的关系，述与记的始末，都有一个交代。这无疑对读者了解这本书是不可或缺的。但，何以后来再出的诸版本，多数均将这《前言》"抹"（斩？）去了呢？读者该知悉的若干信息，没有了；即从著作权上来讲，这也是无理兼无礼的啊。

五、现在来说正文。翻检各个本子的时候，稍稍比照（我没有专心致意）竟发现有"丢失"段落的情况。比如"民国二十二年（癸酉·一九三三）"那一节，老人先说到《白石诗草》出版了，接着自抒情怀：

我题词说："诽誉百年谁晓得，黄泥堆上草萧萧。"我的诗，写我心里头想说的话，本不求工，更无意学唐学宋，骂我的人固然很多，夸我的人却也不少。从来毁誉是非，并时难下定论，等到百年以后，评好评坏，也许有个公道，可是我在黄土垅中，已听不见、看不着的了。

后面还有一段有关他作口述的文字，两段合起来约六百字吧。

暂拿这一段来说，重要不重要？齐白石自称"诗第一，印第二，字第三，画第四"，这里老人家自评其诗，通达，诙谐，平和，透彻，精彩，警辟，随意删掉它，到需要时茫茫大海哪里去寻找？

类似情况还有。比如"民国三十四年（乙酉·一九四五）"那一节，老人记录八月十四日传来日本投降的喜讯，心花怒放，作诗有云"莫道长年亦多难，太平看到眼中来"……

如果到这儿就结了，那可真以为日本鬼子一投降，"太平"则跟来了；实际上老人紧跟着叹道：

我和一般的人，一样的看法，以为太平日子已经到来，谁知并不是真正的太平年月啊！

老人是亲历了日本投降之后，国民党黑暗统治下那苦难的岁月的。他有切身之痛。轻易地删去了这一句感叹，是反映老人"糊涂"了，还是"暴露"他犯了"政治错误"呢？

六、正文，在齐老人口述时，个别地方，作为笔录者的张次溪加了一些"次溪按"。这些按语或作补充，或交代人物关系，或说明物件下落，是完整作品的有机组成部分，也是本书的一大特色。中国传统文人虑事细密，走笔周详，"裉节儿"处每每加按语以阐明。然而，在《白石老人自述》的出版物中，对这些按语采取了出人意料的轻率态度。我们仅举"民国三十一年（壬午·一九四二）"这一节来看：齐白石这年正月到陶然亭，为自己预先选中一块坟地，并且和寺住持订下协议，张次溪于此按注：

> 老人当时写的委托书说："百年后埋骨于此，虑家人不能遵，以此为证。"

到这儿完了吗？没有。按语中还有话：

> 我曾请徐石雪丈宗浩，画过一幅《陶然亭白石觅圹图》，名流题词甚多，留作纪念。

这一节里老人还回忆他与陈师曾的交谊，并记录这年春由张次溪陪同往长椿寺拜祭陈师曾父亲陈三立(1852—1937年)的存柩之事，张留长幅按语：

> 散原太世丈逝世时，我远客江南，壬午春，我回平，偶与老人谈及，拟往长椿寺祭拜，老人愿偕往，归后，特作《萧寺拜陈图》给我，我征集题词很多。傅治芗丈诗云："槃槃盖世一棺存，岁瓣心香款寺门。彼似沧州陈太守，重封马鬣祭茶村。"

齐白石致张次溪信，用"明信片"的方式

其实后边还说道：

> 老人谓着墨无多，而意味深长，此图此诗，足可并垂不朽。

两则按语，均有文化史、绘画史上的引人事件，均记文化名人的重要活动，均关绘画、题跋的重头作品，但在后来的出版物中，你砍掉这一句，他斩去那一句，我们究竟有什么理由随意切割文句视若无有呢？

前边"五"与"六"关于齐老人口述正文和张次溪按语中多有硬伤的问题，囿于篇幅所限，恕不能一一列举。编校上的粗疏，是对历史、对齐老人与张次溪、对读者不负责任的表现。游山观景，斫取一枝一叶都要小心的，何堂堂国画巨匠的传记，竟任我们滥施刀斧耶？

七、还是正文。但我们要说到"细部"。请原谅，我不能不放出一本书的八九行印面来说明：

前几句，题李苦禅《鸬鹚鸟》的短文应是：

> 此食鱼鸟也，不食五谷、鸬鹚之类。有时河涸江干……

后几句，题《群鼠图》诗应是：

> 群鼠群鼠，何多如许！何闹如许！既啮我果，又剥我黍。
> 烛炧灯残天欲曙，严冬已换五更鼓。

但，我们的书页上，前处错为"不食五谷鸬鹚之类"，后处错为"又剥我黍烛炸灯残天欲曙"，句读之不知，错字之不改，衍字、丢字之屡出，读起来让读者"惑而不解"，满头雾水！近些年有的出版操作人几乎是朦胧着眼睛在编书，也缺少基本的校核就把书出来了，他们揣想读者"大都是一掠而过，谁那么的读呀"，这真是当前出版界切切值得关注的大问题。

以上从七个点上说出了已出版的齐老人自述的若干毛病，自然这分别遗存在各不同的本子上，人家当然不是一无是处。即使是现在我们的这本书，也是站在前人的基础上，汲取其精华，警戒其疏谬，才能推出的。我们心中所追求的，是为读者服务得更好些，让大家读来更放心些的一本书。也没有把握真正地实现这一企望的。虽不能至，心向往之。

2017 年 10 月 31 日

图书在版编目（CIP）数据

白石老人自述 / 齐白石口述 ; 张次溪笔录 ; 杨良
志编校 . -- 北京 : 北京出版社 , 2024.1
ISBN 978-7-200-13400-1

Ⅰ . ①白… Ⅱ . ①齐… ②张… ③杨… Ⅲ . ①齐白石
(1863-1957) －自传 Ⅳ. ① K825.72

中国版本图书馆 CIP 数据核字 (2017) 第 267371 号

总 策 划　高立志　　　　责任编辑　李更鑫
责任印制　陈冬梅　　　　封面设计　刘　践
责任营销　猫　娘

白石老人自述
BAISHI LAOREN ZISHU
齐白石　口述　　　张次溪　笔录　　　杨良志　编校

出　　　版　北京出版集团
　　　　　　北京出版社
地　　　址　北京北三环中路 6 号
邮　　　编　100120
网　　　址　www.bph.com.cn
总 发 行　北京伦洋图书出版有限公司
印　　　刷　北京华联印刷有限公司
开　　　本　880 毫米 ×1230 毫米　1/32
印　　　张　10.625
字　　　数　247 千字
版　　　次　2024 年 1 月第 1 版
印　　　次　2024 年 1 月第 1 次印刷
书　　　号　ISBN 978-7-200-13400-1
定　　　价　98.00 元

如有印装质量问题，由本社负责调换
质量监督电话：010-58572393